이것이 성령님이다

Originally published under the title of
HOW TO BE FILLED WITH THE HOLY SPIRIT

Copyright ⓒ 2001 by Christian Publications, Inc.
Published by Christian Publications, Inc.,
3825 Hartzdale Drive, Camp Hill, PA 17011, U.S.A.
Korean Translation Copyright ⓒ 2005 by Kyujang Publishing Company
All rights reserved.

본 저작물의 한국어판 저작권은 Christian Publications사와
독점 계약한 규장이 소유합니다.
저작권법에 의하여 한국 내에서 보호를 받는 저작물이므로
무단 전재와 무단 복제를 금합니다.

A. W. 토저 마이티 시리즈(A. W. TOZER Mighty Series)

토저는 교인수의 성장을 위해서라면 대중의 인기에 야합하고, 거대 기업의 경영방식을 무차별 차용하고, 할리우드 엔터테인먼트 방식을 예배에 도입하는 것에 대해 통렬한 비판을 가하였다. 그는 현대의 교회가 물량적 성장을 위해서라면 교회의 순결성을 포기하는 듯한 자세를 보일 때는 그것을 좌시하지 않고 언제나 선지자의 음성을 발하였다. 듣든지 안 듣든지 이스라엘 교회의 세속화를 준열히 책망했던 예레미야처럼, 토저도 시대에 아부하지 않고 하나님교회의 순정성(純正性)을 파수하기 위해 '강력한'(Mighty) 말씀을 선포했다. 그래서 토저는 '이 시대의 선지자' 라는 평판을 들었다. 토저가 교회의 개혁을 위해 외쳤던 뜨겁고 강력한 메시지를 이 시대의 우리도 들어야 한다. 말씀과 성령에 의한 개혁이 절실히 필요한 이때, 규장에서 토저의 강력한(Mighty) 메시지들을 'A. W. 토저 마이티(Mighty) 시리즈'로 출간한다.

"토저의 설교는 설교단에서 발사되어 청중의 마음을 관통하는 레이저 광선과 같다"(워런 위어스비).

이것이 **성령님이다**

A. W. 토저 지음
이용복 옮김

규장

한국어판 편집자의 글

세상이 주는 힘보다는
하늘에서 내려오는 진정한 힘을 믿어라!

A. W. 토저의 글을 대하는 사람들은 크게 놀라는 체험을 하게 된다. 교회가 타락해가는 시대를 하나님나라의 애통하는 심정으로 바라보며 선지자의 음성을 발한 토저는 우리를 영적으로 크게 놀라게 한다. 우리의 게으르고 나른한 심령을 예리하게 할퀴고 지나간다. 토저의 메시지는 오늘의 우리에게도 좌우에 날선 검(劍)으로 우리의 무딘 마음을 일도양단(一刀兩斷)한다.

한국 교회도 성령에 대한 담론으로 혼탁한 상황이다. 계시의존 사색과 계시의존 체험이라는 분명한 관점에서 일반 성도들까지 이해할 수 있도록 저술된 '성령님 지침서'가 드물었다. 토저는 성경과 체험을 아우르는 하나님의 사람으로서 성령님에 관한 명쾌하고도 균형 있는 표준을 제시하여 말씀 중심의 사람이든 은사 중심의 사람이든 다 진리 앞에 순종하게 만드는 강력한 힘을 가지고 있다.

　토저는 이 책에서 우리가 성령님에 대해 오해하고 있다고 지적한다. 감정적 흥분이 성령님이 아니라고 말한다. 따라서 성령 충만은 사람들이 기획하여 열정적인 분위기를 조장한다고 되는 것이 아님을 역설한다. 반복적인 찬양이나 많은 사람이 가세한 목소리 크기로 성령 충만을 만들어낼 수 있는 것이 아니라고 말한다.

　성령 충만은 우리의 도덕 수준을 높이며, 우리의 지성을 날카롭게 하며, 성화(聖化)된 감정을 고양시킨다고 토저는 강조한다.

　또한 그는 성령님은 분명한 인격체이며 예수님과 같은 하나님임을 역설한다. 인간이 하나님이신 성령님을 마음대로 조정할 수 없음을 말한다. 성령님은 '기운'이나 '능력'에 그치는 그 무엇이 아닌 우리가 경배해야 할 하나님이시라는 것이다.

　무엇보다도 토저는 우리가 성령님을 의지하고 있지 않다고 고발한다. 우리가 교회생활을 하면서 성령님보다는 예배당의 화려한 시설이나 성가대의 세련된 음악성에 좀 더 의지하는 것은 아닌지 반문한다.

  또한 토저는 우리가 하늘로부터 임하는 보혜사 성령님의 능력보다 인간이 자가발전(自家發電)시킨 긍정적인 사고방식의 힘이나 잠재력을 더 믿고 있음을 질타한다.

  좀 더 자세한 내용을 알고 싶다면 토저의 육성에 직접 귀 기울여보기 바란다. 우리를 영적으로 놀라게 하고 경성시키는 토저의 메시지에 우리 영혼의 귀를 기울여보자!

규장 편집국장 김응국 목사

차례

한국어판 편집자의 글

1부_ 성령님의 강림을 열망하라
1장 성공 신화를 좇지 말고 성령으로 거듭나라 · 11
2장 세상과 동행하지 말고 성령과 동행하라 · 29
3장 진정한 하늘 복을 받고 싶은가, 성령을 받아라 · 42
4장 인간의 잠재력이 아니라 성령의 힘을 믿어라 · 58

2부_ 성령님의 은혜에 사로잡혀라
5장 온전히 성령의 포로가 되라 · 75
6장 우리의 그릇이 비워질 때 성령 충만이 임한다 · 91

3부_ 성령님의 불사람이 되라
7장 왜 우리는 불길 성령의 능력을 받지 못하는가? · 107
8장 냉랭함을 청산하고 불타는 능력의 사람이 되라 · 118
9장 최종적으로 성령에 관해 꼭 알아야 할 사실 · 142
　성령은 요술방망이가 아니라 하나님이시다

4부_ 성령님에 관한 31가지 묵상

A.W. TOZER
THE HOLY SPIRIT

1부 성령님의 강림을 열망하라

성령 강림이라는 하나님의 약속은 오직 1세기 그리스도인들만을 위한 약속인가? 아니면 그들의 거듭남과 상관없이 우리도 각자 거듭나야 하는 것인가? 당신은 어떤 다른 사람을 위해 대신 거듭날 수 있는가? 아니다. 모든 사람은 각자 거듭나야 한다. 각자 성령 강림의 은혜가 있어야 한다. 각자 성령으로 충만해야 한다. 성령님의 강림을 열망하라.

1장

성공 신화를 좇지 말고 성령으로 거듭나라

그리스도인이라는 사람들이 지위와 명성을 얻기 위해 서로 다투는 것을 보고 우리는 뭐라고 말해야 하는가?
그들이 칭찬과 명예에 마음을 빼앗기는 것을 어떻게 설명해야 하는가?
이런 길에서 돌이켜 성령으로 거듭나라.

세상과 연합하지 마라

"저는 진리의 영이라 세상은 능히 저를 받지 못하나니"(요 14:17).

신약성경에 근거하여 기독교는 교회와 세상이 서로 완전히 반대일 수밖에 없다고 가르친다. 이것은 갈급한 심령에게 너무나 중요한 진리이다.

상반된 교회와 세상 사이의 간격을 메워보려고 이 둘 사이에 비성경적(非聖經的)이고 불법적인 결합을 성사시키려고 시도하는 것이 오늘날 우리의 문제이다. 그러나 세상과 교회의 연합은 실상 불가능하다. 세상과 연합한 교회는 교회가 아니라

> 세상과 연합한 교회는 교회가 아니라 가련한 잡종(雜種)에 불과하다. 이것은 주께 가증한 것이요, 세상의 웃음거리가 될 뿐이다.

가련한 잡종(雜種)에 불과하다. 이것은 주께 가증한 것이요, 세상의 웃음거리가 될 뿐이다.

대부분의 신자들은 오늘날 이도 저도 아닌 회색지대에서 살아가고 있다. 이렇게 된 이유는 성경의 교훈이 모호하기 때문이 아니다. 그리스도인이 세상을 어떻게 대해야 하느냐에 대한 성경의 교훈은 명확하다. 그런데도 이 문제에 혼란을 느끼는 것은 신앙을 고백하는 그리스도인들이 주님의 말씀을 심각하게 받아들이지 않기 때문이다. 지금은 기독교가 세상과 너무나 뒤엉켜버렸기 때문에, 수백만의 사람들은 자기들이 신약성경의 교훈에서 근본적으로 떠나 있다는 사실조차 모르고 있다. 신자인 체하는 소경들은 회칠한 세상을 보고 "세상에는 아무 문제가 없다"라고 말하며 세상에서 인정받기 위해 기를 쓴다. 그리스도인으로 자처하는 사람들과 세상은 서로 양보하며 사이좋게 지낸다. 그렇지만 세상은 속으로 하나님에 관한 것들을 경멸한다.

이것은 본질적으로 영적인 문제이다. 우리가 그리스도인이 되려면 성령으로 거듭나야 한다. 교회 명부(名簿)에 교인으로 등록되어 있다고 그리스도인이 되는 것은 아니다. 성령님이 우리 안에 거하실 때 비로소 우리는 그리스도인이 되는 것이다.

성령으로 난 것만이 영적이다. 아무리 많은 고위 성직자들이 나서서 애를 쓴다 해도 육(肉)이 영적(靈的)인 것으로 바뀔 수는 없다. 학습문답, 세례, 성찬 그리고 신앙고백 같은 것들을 모두 동원한다고 해도 아담의 자손이 하나님의 아들로 바뀌는 것이 아니요, 육이 영으로 바뀌는 것도 아니다. 바울은 갈라디아 교인들에게 "너희가 아들인 고로 하나님이 그 아들의 영을 우리 마음 가운데 보내사 아바 아버지라 부르게 하셨느니라"(갈 4:6)라고 말했다. 또한 그는 고린도 교인들에게 이렇게 말했다.

"너희가 믿음에 있는가 너희 자신을 시험하고 너희 자신을 확증하라 예수 그리스도께서 너희 안에 계신 줄을 너희가 스스로 알지 못하느냐 그렇지 않으면 너희가 버리운 자니라"(고후 13:5).

또한 로마 교인들에게는 이렇게 말했다.

"만일 너희 속에 하나님의 영이 거하시면 너희가 육신에 있지 아니하고 영에 있나니 누구든지 그리스도의 영이 없으면 그리스도의 사람이 아니라"(롬 8:9).

서로 다른 영에 속한 사람들

지금 그리스도인들의 삶 구석구석에서 볼 수 있는 '끔찍한 회색지대'를 말끔히 제거하는 방법은 무엇인가? 그것은 명목상의 그리스도인들이 성령으로 거듭나 진정으로 그리스도를 따르는 것이다. 주님은 세상과 신자의 관계에 대해 너무나 분명히 말씀하셨다.

나름대로 성실하지만 아직 진리의 빛을 받지 못한 예수님의 육신의 형제들이 먼저 나서서 예수님께 조언하자 예수님은 이렇게 말씀하셨다.

"예수께서 가라사대 내 때는 아직 이르지 아니하였거니와 너희 때는 늘 준비되어 있느니라 세상이 너희를 미워하지 못하되 나를 미워하나니 이는 내가 세상의 행사를 악하다 증거함이라" (요 7:6,7).

예수님은 자신의 육신의 형제들을 세상과 동일시하셨으며, 자신과 그들이 '서로 다른 두 영(靈)들'에 속했다고 말씀하셨다. 세상은 예수님을 미워했지만, 그들을 미워할 수는 없었다. 왜냐하면 그들을 미워하는 것은 곧 자신을 미워하는 것이 되기 때문이다. 내분으로 사분오열(四分五裂)된 집은 무너질 수밖에 없다. 아담의 장막 집도 무너지지 않기 위해 서로 충성을 다한다. 아담의 장막을 무너뜨리려면 외부로부터 이질적(異質的)인 것이 침투해야 한다. 이 이질적인 것이 바로 성령님이시다. 주님은 제자들에게 이렇게 말씀하셨다.

"세상이 너희를 미워하면 너희보다 먼저 나를 미워한 줄을

알라 너희가 세상에 속하였으면 세상이
자기의 것을 사랑할 터이나 너희는 세상
에 속한 자가 아니요 도리어 세상에서
나의 택함을 입은 자인 고로 세상이 너
희를 미워하느니라"(요 15:18,19).

> 신약성경 전체는 교회와 세상 사이에 분명한 선을 긋는다. 이 둘 사이에 중간지대는 없다. 주님은 교회와 세상이 서로의 차이를 존중해가며 사이좋게 지내는 것을 용인하지 않으신다.

바울은 갈라디아 교인들에게 종의 자녀와 자유한 자의 자녀의 차이점에 대해 설명했다.

"그러나 그때에 육체를 따라 난 자가 성령을 따라 난 자를 핍박한 것같이 이제도 그러하도다"(갈 4:29).

신약성경 전체는 교회와 세상 사이에 분명한 선을 긋는다. 이 둘 사이에 중간지대는 없다. 주님은 교회와 세상이 서로의 차이를 존중해가며 사이좋게 지내는 것을 용인하지 않으신다. 그러므로 어린양을 따르는 자들은 세상의 길에서 세상과 동행할 수 없다. 교회와 세상을 갈라놓는 심연은 부자와 거지 나사로의 비유에서 부자와 나사로 사이에 끼인 구렁만큼이나 크다. 이것은 구속(救贖)받은 자들의 세계와 타락한 자들의 세계를 갈라놓는 심연이다.

성경의 교훈을 실천하라

이런 이야기가 전통적인 양(羊)의 우리 안에서 떼 지어 돌아다니는 수많은 속물(俗物)들에게 아주 기분 나쁜 이야기로 들릴 수 있다는 것을 나는 잘 안다. '교회생활'이라는 수단을 통해 자신을 스스로 양으로 만들어보겠다고 애쓰는 사이비 신앙인들은 나를 가리켜 '관용을 모르는 편협한 신앙인'이라고 비난할 것이다. 나는 그들의 비난을 회피하고 싶은 마음이 없다. 그러나 그들은, 교인들과 어울리거나 교회 프로그램인 제자훈련을 받는다고 해서 그리스도인이 되는 것이 아니라는 준엄한 진리를 받아들여야 한다. 하나님의 영이 거듭남의 과정을 통하여 그들 안으로 들어오실 때 비로소 그들은 그리스도인이 될 수 있다. 이런 방법으로 그리스도인이 될 때 그들은 즉시 새 인류의 일원이 되는 것이다.

"오직 너희는 택하신 족속이요 왕 같은 제사장들이요 거룩한 나라요 그의 소유된 백성이니 이는 너희를 어두운 데서 불러내어 그의 기이한 빛에 들어가게 하신 자의 아름다운 덕(德)을 선전하게 하려 하심이라 너희가 전에는 백성이 아니더니 이제는 하나님의 백성이요 전에는 긍휼을 얻지 못하였더니 이제는 긍휼을 얻은 자니라"(벧전 2:9,10).

나는 이제껏 성경구절들을 인용하면서 성경의 문맥에서 벗어나게 인용하려는 의도는 전혀 없었다. 또한, 진리의 한 측면을 강조하기 위해 다른 측면을 간과하는 일도 하지 않았다. 내가 인용한 구절들은 신약성경의 모든 진리와 완전히 조화된다. 한 가지 비유를 들겠다. 바다에서 물 한 컵을 떠낸다고 가정해보자. 컵에 담긴 물이 바닷물의 전부는 아니다. 하지만 그래도 바닷물의 완벽한 샘플인 것만은 사실이다. 다시 말해서 컵의 물은 나머지 바닷물과 본질적으로 완전히 동일하다. 이와 마찬가지로, 내가 인용한 성경구절들도 성경 전체와 완벽하게 조화를 이룬다.

> 현대의 그리스도인들의 문제는 무엇인가? 그들의 문제는 성경의 교훈을 모른다는 것이 아니다. 성경의 분명한 교훈을 받아들이고 실천하는 일에 실패했다는 것이 그들의 문제이다.

현대의 그리스도인들의 문제는 무엇인가? 그들의 문제는 성경의 교훈을 모른다는 것이 아니다. 성경의 분명한 교훈을 받아들이고 실천하는 일에 실패했다는 것이 그들의 문제이다. 세상을 사랑하는 마음이 변화되어 그리스도를 진정한 주님으로 받아들이는 것이 우리에게 가장 필요한 것이다. 물론 우리는 우리의 말뿐만 아니라 행동에서도 예수를 주님으로 인정해야 한다. 입으로 "주여, 주여"라고 말하는 것과 주님의 계명에 순종하는 것은 별개이다.

우리는 웅장한 파이프오르간 소리에 맞추어 찬송가 25장을 부르며 기뻐할 수도 있다.

면류관 가지고 주 앞에 드리세
저 천사 기쁜 노래가 온 땅에 퍼지네
내 혼아 깨어서 주 찬양하여라
온 백성 죄를 속하신 만왕의 왕일세.

그러나 세상을 향해 있던 눈을 돌려 하나님의 도성을 바라보며 가혹한 현실에 맞서지 않을 경우 우리의 찬송과 기쁨은 공허한 것으로 끝나고 말 것이다. 믿음이 곧 순종이 될 때 비로소 그것이 참믿음이 된다.

세상의 영

세상의 영(靈)은 아주 강하다. 그렇기 때문에 마치 연기 냄새가 옷에 배듯 우리에게 착 달라붙는다. 세상의 영은 상황에 따라 교묘하게 그 모습을 바꾸기 때문에, 선악을 분별할 수 있는 훈련이 되어 있지 않은 단순한 그리스도인들은 자주 속아 넘어간다. 세상의 영은 온갖 종류의 신실한 모습으로 위장하여 기독교를 농락한다. 그것은 때때로(특히, 수난주간에) 양심의 가책을 느끼기도 하며, 심지어 언론을 통해 자기 악행을 고백하기도 한다. 세상의 영은 기독교 신앙을 찬양하기도 하고, 자기 목적을 이루기 위해 교회에 아첨하기도 한다. 세상의 영은 가난한 자들을 구제하기 위한 캠페인에 동참하는 등 자선사업에도 적극적이다.

그러나 그리스도는 이런 것들을 결코 인정하지 않으신다. 결정적인 순간에, 세상의 영은 그리스도의 영에 대적한다. 세상의 영의 대변인(代辯人)이라고 할 수 있는 세상의 언론은 종종 하나님의 자녀들에게 불리한 편파 보도를 일삼는다. 철저하게 사실을 확인해본 결과 교회가 옳다는 것이 증명되었을 때, 세상의 언론은 마지못해 사실을 사실대로 보도한다. 그럴 경우에 그들은 자기들이 교회에 무슨 큰 시혜를 베푸는 것처럼 생색을 내기도 하고, 교회를 은근히 비꼬며 경멸하기도 한다.

세상의 아들들과 하나님의 아들들은 모두 영(靈)의 지배를 받는다. 그러나 거듭난 자들의 마음속에 거하시는 성령님과 세상의 영은 천국과 지옥이 다르듯이 서로 다르다. 세상의 아들들과 하나님의 아들들은 서로 반대 입장에 서 있을 뿐만 아니라 서로 공격한다. 성령님의 일들이 황당하다고 느껴질 때 땅의 사람들은 낄낄거리며 조롱한다. 성령님의 일들을 이해할 수 없을 때 그들은 재미없다며 하품한다.

"육(肉)에 속한 사람은 하나님의 성령의 일을 받지 아니하나니 저희에게는 미련하게 보임이요 또 깨닫지도 못하나니 이런 일은 영적으로라야 분변함이니라"(고전 2:14).

종교가 되어버린 '종교적 관용'

요한일서를 보면 두 단어가 반복적으로 나타난다. 그것은 '그들'과 '너희'이다. 이 두 단어는 전혀 다른 두 세계를 대표한다. '그들'은 아담의 타락한 세계에 속한 사람들을 가리킨다. '너희'는 그리스도를 따르기 위해 모든 것을 버린 '선택된 자들'을 가리킨다. 안타깝게도 지금 우리 사회에서는 종교적 관용이 거의 제2의 종교가 되어버렸다. 그러나 요한은 '종교적 관용'이라는 우상 앞에 무릎 꿇지 않았다. 그는 종교적 관용을 단호히 거부했다. 그는 '관용'이라는 것이 실상 '무관심'이라는 것을 간파한 사람이다. 우리가 요한의 교훈을 받아들이려면 확고한 믿음이 있어야 한다. 달리 표현하면, 기독교의 유일성을 온전히 받아들이려면 믿음이 강해져야 한다. 믿음이 강해지기보다는 기독교와 다른 종교들 간의 경계를 허물고 모든 사람들의 비위를 맞추는 것이 더 편하다는 얄팍한 계산이 종교 관용론자(寬容論者)들의 마음속에 깔려 있다고 생각된다.

그들은 신자들과 불신자들을 한데 묶어 '우리'라고 부르는 것이 자신들을 노출시키지 않는 훨씬 안전한 방법이라고 느낄 것이다. 그들은 하나님이 '선지자 다니엘'의 아버지일 뿐만 아니라 '멋쟁이 잭'의 아버지이기도 하다고 선언한다. 그러므로 그들은 어느 누구도 불쾌하게 만들지 않는다. 그들의 말을 들으면 모든 사람들의 마음은 편안해지고 모두 천국에 들어가리라고 믿게 된다. 그러나 최후의 만찬석에서 예수님의 품에 기대어 앉아 귀를 기울였던 요한이 이런 사람들의 말을 들었다면 결코 속지 않았을 것이다. 그는 인류를 두 무리로 나누었다. 물론 그 두 무리는 부활의 때에 영원한 상을 얻을 무리와 영원한 절망에 빠질 무리이다. 한쪽에는 하나님을 아는 '너희' (때로는 이것이 '우리' 로도 표현된다)가 있고, 다른 한쪽에는 예수님을 모르는 '그들' 이 있다. 이 두 무리 사이에는 아무도 건널 수 없는 너무나 큰 도덕적 심연이 가로놓여 있다.

이것에 대해 요한은 이렇게 말한다.

"자녀들아 너희는 하나님께 속하였고 또 저희를 이기었나니 이는 너희 안에 계신 이가 세상에 있는 이보다 크심이라 저희는 세상에 속한 고로 세상에 속한 말을 하매 세상이 저희 말을 듣느니라 우리는 하나님께 속하였으니 하나님을 아는 자는 우리의 말을 듣고 하나님께 속하지 아니한 자는 우리의 말을 듣지 아니하나니"(요일 4:4-6).

요한의 언어는 너무나 분명하기 때문에 진정으로 진리를 알기 원하는 사람들은 그의 말을 결코 오해할 수 없다. 다시 말하지만, 우리의 문제는 '이해' 의 문제가 아니라 '믿음과 순종' 의 문제이다. 우리는 "이것이 무슨 뜻인가?" 라는 신학적 질문을 던질 필요가 없다. 우리는 "내가 이것을 믿고 순종할 것인가?"라는 도덕적 질문을 던져야 한다. 우리 모두 자신에게 다음과 같이 물어보자. 내가 사람들의 냉소적 시선을 견딜 수 있는가? 자유주의자들의 매서운 공격에 맞설 용기가 있는가? 나의 태도를 보고 모욕감을 느껴서 나를 미워하게 될 사람들에게 맞설 수 있는가? 수많은 사람들이 좇는 '인기 있는 종교'의 문제점을 지적하며 외롭게 사도들이 간 길을 따를 수 있겠는가? 요컨대, 죽음과 치욕의 십자가를 질 수 있는가?

무엇이 '세상'인가?

하나님은 그리스도인들에게 "세상과 구별되라"라고 명령하신다. 여기서 우리는 '세상'이 무엇을 의미하는지 분명히 알아야 한다. 우리는 '세상'을 '눈에 보이는 것'으로 해석하기 때문에 그것의 진짜 의미를 놓치는 경향이 있다. 카드놀이, 술 그리고 도박 같은 것들은 세상이 아니라 단지 세상이 외형적으로 드러난 것이다. 우리는 단순히 이렇게 외형적으로 나타난 것에 대항하여 싸우고 있는 것이 아니다. 우리는 '세상적 현상들'에 대항하여 싸울 것이 아니라 '세상의 영(靈)'에 대항하여 싸워야 한다.

구원받은 사람이든 그렇지 못한 사람이든 간에 인간은 본질적으로 영(靈)이다. 신약성경이 말하는 세상은 '거듭나지 못한 인간의 본성'이다. 이 본성이 선술집에서 발견되든 교회에서 발견되든 그것은 그다지 중요하지 않다. 중요한 것은 그것이 바로 '세상'이라는 사실이다. 타락한 인간의 본성에서 나오는 것들, 그것에 근거하여 만들어진 것들, 그 도움으로 이루어진 것들, 이것들은 그 외형이 도덕적으로 저질이든 고상하든 간에 모두 세상이다.

> 신약성경이 말하는 세상은 '거듭나지 못한 인간의 본성'이다. 이 본성이 선술집에서 발견되든 교회에서 발견되든 그것은 그다지 중요하지 않다.

예수님 당시의 바리새인들을 보라. 그들이 얼마나 열성적으로 율법을 따랐는가? 그러나 그들은 세상의 진수(眞髓)를 보여준 사람들이다. 그들의 종교 체계는 하늘에 속한 원리가 아닌 땅에 속한 원리 위에 세워졌다. 그들은 예수님께 대항하기 위해 인간적인 간계(奸計)를 사용했다. 진리를 수호한다는 명분을 내세운 그들은 사람들에게 뇌물을 주어 거짓을 말하도록 했다. 입으로는 하나님을 수호하겠다고 말하면서 마귀처럼 행동했다. 성경을 옹호하기 위해 성경의 교훈을 무시했으며, 종교를 구한다는 미명으로 종교를 말살시켰다. 사랑의 종교의 이름으로 맹목적인 증오를 퍼뜨렸다. 그들은 하나님께 반항하는 저주스런 세상이 어떤 것인지 보여주었다. 결국 극도로 포악해진 세상의 영이 기어이 하나님의 아들을 죽이고 말았던 것이다. 바리새인들의 영은 예수님의 영을 극렬히 대적했다. 이 두 영은 그들이 대표하는 두 세계의 본질을 드러냈다.

오늘날 어떤 선생들(전형적인 세대주의자들)은 "산상수훈은 우리 세대가 아닌 다른 세대에 해당되는 교훈이기 때문에 교회가 그것을 지킬 의무는 없다"라고 말한다. 그러나 그들은 자기들이 얼마나 큰 악을 저지르는지 잘 모르고 있다.

산상수훈은 '새롭게 된 사람들'의 나라의 특징을 잘 요약해 준다. 심령이 가난한 복된 자들, 즉 자기들의 죄를 한탄하며 의(義)에 목말라 하는 자들은 하나님나라의 자녀들이다. 그들은 온유한 마음으로 원수에게 긍휼을 베푼다. 간사함이 없는 정직한 마음으로 하나님을 바라본다. 핍박하는 자들에게 둘러싸여 있으면서도 저주하지 않고 축복한다. 겸손한 마음으로 자기들의 선행을 숨긴다. 그들을 대적하는 자들과 화해하려고 힘쓰고, 그들에게 죄를 범한 사람들을 용서해준다. 마음속 깊은 곳에서 우러나오는 진심으로 은밀히 하나님을 섬기며, 하나님이 상(賞) 주시기를 참을성 있게 기다린다. 자기들의 소유를 보호하기 위해 폭력을 사용하지 않는다. 오히려 자발적으로 그것을 포기한다. 대신 천국에 보물을 쌓아놓는다. 칭찬받기를 피하며 천국에서 누가 가장 큰 자인지 드러내실 주님의 영원한 평가를 기다린다.

하나님의 자녀들은 바로 이런 사람들이다!

세상을 닮아가는 그리스도인들

그런데 그리스도인이라는 사람들이 지위와 명성을 얻기 위해 서로 다투는 것을 보고 우리는 뭐라고 말해야 하는가?

그들이 칭찬과 명예에 마음을 빼앗기는 것을 어떻게 설명해야 하는가?

인기를 낚는 어부로 전락해버린 기독교 지도자들에 대해 뭐라고 말해야 하는가?

교계 여기저기서 볼 수 있는 정치적 야심은 또 무엇인가?

좀 더 많은 헌금을 받아내기 위해 그들이 내미는 홍건한 손바닥은 또 무엇인가?

주님의 사업을 한다는 명분 하에 기독교 기관을 세우고 정치인과 기업가들의 지원을 받기 위해 아첨과 교태를 부리는 목회자들의 행태는 또 무엇인가?

부끄러운 줄도 모르고 자기중심적으로 사는 그리스도인들에 대해 뭐라고 말해야 하는가?

인기 있는 지도자를 영웅으로 치켜세우려고 열을 올리는 천박한 개인숭배는 또 무엇인가?

복음을 전하는 건전한 설교자로 자처하는 사람들이 부자를 따라가 비굴하게 아부하는 모습을 뭐라고 말할 수 있는가?

이런 질문에 우리는 뭐라고 답해야 하는가? 우리의 대답은 딱 하나이다. 이런 현상들 속에서 우리는 '세상'을 본다. 더도 덜도 아니다. 바로 '세상'이다. 이런 현상 속에 도사리고 있는 죄가 우리 주님을 십자가에 못 박은 것이다.

타락한 인간 본성의 더욱 추잡한 현상들이 세상 나라의 일부를 이루고 있다. 얄팍한 즐거움을 강조하는 오락 산업, 부자연스럽고 사악한 습관에 빠진 사람들의 호주머니를 털어서 일으킨 기업체, 정상적인 욕구를 왜곡시켜서 무절제하게 만드는 세속 문화, 끼리끼리 모여서 만든 소위 '상류사회', 예수의 이름을 빙자하여 기관장 개인의 욕심을 차리거나 세상적 욕구를 충족시키기 위해 하나님의 비전과 사역을 들먹이는 일부 기독교 기관들, 이것들이 바로 세상에 속한 것이다. 이것들은 육(肉)을 기반으로 하여 생긴 것이기 때문에 언젠가 육(肉)과 함께 사멸할 것이다. 그러므로 그리스도인들은 이런 것들을 피해야 한다. 이런 데 동참해서는 안 된다. 두려움 없이, 타협도 없이 여기에 조용히 그러나 단호하게 맞서야 한다.

성령 안에서 살라

세상은 때로 추하고 저급한 모습으로, 때로는 세련되고 교묘한 형태로 나타난다. 어느 경우든지 간에 우리는 그 본질을 꿰뚫어 보고 거부해야 한다. 에녹이

> 회개가 터져 나오도록 이끌지 않는 종교적 감동이나 신자와 세상을 구분하지 않는 신학은 분명히 어딘가 미심쩍은 데가 있다. 천국에 들어가기 위한 조건을 쉽게 만드는 조직적 부흥 운동 역시 미심쩍다.

그의 시대에 하나님과 동행했듯이 우리가 우리의 시대에 하나님과 동행하려면 세상을 거부해야 한다. 세상을 단호히 거부하는 것은 우리의 의무이다.

"간음하는 여자들이여 세상과 벗된 것이 하나님의 원수임을 알지 못하느뇨 그런즉 누구든지 세상과 벗이 되고자 하는 자는 스스로 하나님과 원수 되게 하는 것이니라"(약 4:4).

"이 세상이나 세상에 있는 것들을 사랑치 말라 누구든지 세상을 사랑하면 아버지의 사랑이 그 속에 있지 아니하니 이는 세상에 있는 모든 것이 육신의 정욕과 안목의 정욕과 이생의 자랑이니 다 아버지께로 좇아온 것이 아니요 세상으로 좇아온 것이라"(요일 2:15,16).

하나님은 이 말씀들을 따를 것인지 아닌지 헤아려보도록 우리에게 말씀을 주셨다. 하나님은 우리가 이 말씀에 순종하기를 촉구하신다. 그러므로 순종하지 않는다면 우리는 그리스도인이라고 불릴 자격이 없다.

회개가 터져 나오도록 이끌지 못하는 종교적 감동이나 신자와 세상을 구분하지 않는 신학은 분명히 어딘가 미심쩍은 데가 있다. 천국에 들어가기 위한 조건을 쉽게 만드는 조직적 부흥 운동 역시 미심쩍다.

여기에 대단히 매력적으로 보이는 부흥 운동이 있다고 치자. 만일 그것이 의(義)에 기초하지 않는다면, 겸손 가운데 자라나지 않았다면, 그것은 하나님으로부터 나온 것이 아니다. 만일 육적(肉的)인 것을 개발하여 무엇을 얻고자 하는 운동이라면, 그것은 종교적 사기(詐欺)이다. 하나님을 두려워하는 그리스도인이라면 이러한 종교 사기극을 후원해서는 안 된다. 성령님을 높이고 인간의 자아를 죽여서 무엇을 얻고자 하는 운동만이 하나님으로부터 나온 것이다.

"기록된바 자랑하는 자는 주 안에서 자랑하라 함과 같게 하려 함이니라"(고전 1:31).

2장

세상과 동행하지 말고 성령과 동행하라

성령님과 동행할 준비가 된 사람들은 땅이 물러가고 하늘이 다가오는 것을 본 사람들이다.
그들은 이 세상의 것들에 점점 더 흥미를 잃는다.
또 달의 인력(引力)이 바닷물을 끌어당기듯이 하늘의 것들이 그들을 끌어당긴다고 느낀다.

양다리 걸치지 마라

"두 사람이 의합(意合)지 못하고야 어찌 동행하겠으며"(암 3:3)

이것이 소위 '수사(修辭) 의문문'이다. 이 말은 "뜻이 같지 않은 두 사람은 동행할 수 없다. 두 사람이 동행하려면 어떤 지점에서 하나가 되어야 한다'라고 강조하는 말이다.

두 사람이 동행하려면 그들이 동행하기를 '원해야' 하며, 동행하는 것이 자기들에게 유익이 된다고 믿어야 한다. 나는 이 말을 다시 정리하여, "두 사람이 자발적으로 동행하려면 그들이 어떤 점에서 하나가 되어야 한다'라고 말하고 싶다.

이제부터 나는 어떻게 하면 '우리가' 성령님과 동행하는 법을 훈련할 수 있을까, 어떻게 하면 날마다 시간마다 그분과 동행할 수 있을까 하는 점을 이야기하려고 한다. 여기서 내가 '우리'라는 말 대신 '당신'이라는 말을 집어넣는다면, 당신은 불만스러울까? 나는 그렇지 않으리라고 믿고 싶다. 설교자들은 때때로 '3인칭'으로 설교한다. 그래서 사람들도 덩달아 '3인칭'으로 사고(思考)하는 버릇이 생긴다. 우리는 종종 '우리'라고 말해야 하는데, '그들'이라고 말한다. 그러나 이것은 분명히 좋지 않은 습관이다. 우리는 설교 내용을 '그들'이 아닌 '우리'에게 적용해야 한다.

지금도 이 말을 받아들일 준비가 되어 있지 않은 사람들이 있을 것이다. 그렇다면 당신은 양다리를 걸치고 있는 것이다. 한 쪽 다리는 이 세상에, 그리고 다른 쪽 다리는 저 세상에 걸쳐두고 있는 셈이다. 당신이 그리스도인이라는 것을 나도 부정하지는 않는다. 그러나 구원의 초보 단계에 머물러 있지 말고 계속해서 전진하라고 말하고 싶다. 성령님의 임재를 훈련하라. 그리하면 그분이 당신의 삶에 빛을 비춰주실 것이다. 또 그 삶을 고양(高揚)시키고 인도하시며 복을 주시고 깨끗케 하실 것이다. 만일 당신이 성령님과 동행할 준비가 되어 있지 않다면, 그것은 당신의 것을 포기하지 않았기 때문이다. 그러나 그것을 포기하라. 그러면 하나님의 모든 것을 얻게 될 것이다. 당신은 작은 것을 놓치지 않으려고 움켜쥐고 있다. 하지만 그것 때문에 전부를 잃고 있다. 대(大)를 위해 소(小)를 희생할 준비가 되어 있지 않다면, 성령님과 동행할 준비가 되어 있지 않은 것이다.

> 만일 당신이 성령님과 동행할 준비가 되어 있지 않다면, 그것은 당신의 것을 포기하지 않았기 때문이다. 그러나 그것을 포기하라. 그러면 하나님의 모든 것을 얻게 될 것이다.

세상을 버리지 않은 사람은 이 말을 이해하지 못할 것이다. 당신이 보험을 든다는 심정으로 기독교를 믿고 있을지도 모르겠다. 다시 말해서 생명보험, 자동차보험 또는 화재보험에 가입하는 사람처럼 기독교를 믿는지도 모른다는 말이다. 물론 당신이 성경을 불신하는 '자유주의 기독교'를 믿는 것은 아니다. 왜냐하면 자유주의 기독교가 천국을 보장해주지 못하는 '부실(不實)한 보험회사'라고 생각하기 때문이다. 당신은 보수주의 기독교를 믿으며 거기에 보험료를 납부한다. 왜냐하면 보험은 들었지만 보험료를 납부하지 않으면 보험이 실효(失效)된다는 것을 잘 알기 때문이다.

만일 그리스도께서 당신을 위해 십자가에서 죽으셨다면, 당신은 그 점을 매우 기쁘게 받아들일 것이다. 왜냐하면 그것은 당신이 심판을 당하지 않을 것이며 사망에서 생명으로 옮겨졌다는 것을 의미하기 때문이다. 당신은 착하게 살려고 마음먹을 것이다. 왜냐하면 이 땅에서 복을 받고 죽어서 천국에 가려면 그 정도의 보험료는 내야 한다고 믿기 때문이다.

'사교적 신앙'으로는 안 된다

당신이 성령님과 동행할 준비가 되어 있지 않다면, 그것은 당신이 가진 신앙이 '영적 신앙'이 아닌 이 사람도 좋고 저 사람도 좋다는 식의 '사교적 신앙'이기 때문일 수도 있다. 사실, '사교적 신앙'을 가진 이들이 적지 않다. 그들은 신약의 기독교에 물을 타서 그것을 완전히 희석시켰다. 신약의 기독교에 자기들의 생각을 잔뜩 집어넣었기 때문에 그 맛이 전혀 느껴지지 않는다. 그런데 이런 이들이 사교적인 데는 귀신같이 밝다. 나는 이런 사람들도 구원받을 수 있다는 것을 부정하지는 않는다. 나는 그들이 구원받지 못했다고 감히 말하지 않는다. 다만 그들이 성령님과 동행할 준비가 되어 있지 않다고 말할 뿐이다. 그리스도의 복음은 본질적으로 영적인 것이다. 성령님이 기독교의 진리를 통해 인간의 영혼을 변화시킬 때 그는 신령한 사람으로 변화한다.

나도 이런 이야기를 하기는 싫지만 부득불 해야겠다. 당신이 이 메시지를 받아들일 준비가 되어 있지 않다면 그것은 당신이 신약성경보다는 세상에서 더 많은 영향을 받기 때문인 듯하다.

당신이 원하기만 한다면, 나는 예수 그리스도보다는 할리우드에 더 많은 영향을 받는 그리스도인들을 지금이라도 당장 몇 개의 트럭에 나눠 실어 올 수 있다. 오늘날 사람들이 생각하는 복음이란 무엇인가? 세상의 즐거움과 야망에 정통 교리를 접붙여놓은 것이 아닌가?

> 하나님을 알기 원하는 사람은 심적 동요를 겪어야 한다. 하나님의 말씀이 우리에게 임할 때마다 우리 안에 소용돌이가 일어나야 한다. 그러므로 동요를 느낀다고 동요하지 마라.

내가 하는 이야기를 듣고 심적 동요를 일으킨 사람들도 있었다. 그러나 나는 그들에게 사과하고 싶은 생각이 전혀 없다. 왜냐하면 하나님께 책망을 받고 싶지 않기 때문이다. 제 딴에는 말씀을 제대로 전한다고 생각하며 살아왔는데, 만일에 하나님의 선지자가 나타나서 나의 잘못을 지적한다면 어떻게 하겠는가? 하나님을 알기 원하는 사람은 심적 동요를 겪어야 한다. 하나님의 말씀이 우리에게 임할 때마다 우리 안에 소용돌이가 일어나야 한다. 그러므로 동요를 느낀다고 동요하지 마라. 그것은 아주 정상적인 것이다. 하나님께서 우리를 뒤흔들어놓으시기 때문이다.

성령님과 동행하는 삶을 위하여

성령님과 동행할 준비가 되어 있지 않은 사람들도 있지만, 반대로 준비된 사람들도 있다. 이런 사람들은 아름답게 헌신하는 사람들이다. 성령님과 동행할 준비가 된 사람들은 땅이 물러가고 하늘이 다가오는 것을 본 사람들이다. 그들은 이 세상의 것들에 점점 더 흥미를 잃는다. 또 달의 인력(引力)이 바닷물을 끌어당기듯이 하늘의 것들이 그들을 끌어당긴다고 느낀다. 이런 사람들은 성령님과 동행할 준비가 된 사람들이다. 나는 이런 사람들이 좀 더 충만한 삶을 살 수 있도록 몇 가지 일러두려고 한다.

첫째, 성령님은 살아 계신 인격체(人格體)이시다.

그분은 성삼위(聖三位) 하나님 가운데 제3위이시다. 그분은 하나님이시다. 그분이 인격체이시기 때문에 우리는 그분과 교제할 수 있고, 그 교제는 점점 더 깊어질 수 있다. 그분이 인격체이시기 때문에 우리는 그분께 더 가까이 다가가 그분의 사랑을 받을 수 있다. 그분이 인격체이시기 때문에 우리가 그분을 가까이할 경우, 우리는 그분을 점점 더 좋아하게 될 것이다.

둘째, 예수님께 점점 더 몰두하라.

예수님을 높여라. 요한은 "이는 그를 믿는 자의 받을 '성령'을 가리켜 말씀하신 것이라 (예수께서 아직 영광을 받지 못하신 고로 성령이 아직 저희에게 계시지 아니하시더라)"(요 7:39)라고 말한다.

예수님이 영광을 받으셨을 때 성령님이 오셨다. 이것이 원리이다. 홍수가 덮치듯이 성령님이 오셔서 사람들을 덮칠 수 있었던 것은 예수님이 영광을 받으셨기 때문이다. 성령님은 예수님께 영광을 돌리지 않는 사람을 결코 충만케 하지 않으신다. 이것이 예수님의 법칙이다. 그러므로 당신이 그분의 영광을 위해 헌신한다면, 성령님이 임하시어 당신을 채우고 고양(高揚)시키며 복을 주고 빛을 비춰주실 것이다. 그리스도를 높이는 사람은 그분의 명령에 따르고, 그분을 온전히 신뢰하며, 그분을 목자처럼 따르고, 그분에게 온전히 순종하는 사람이다.

예수 그리스도께 영광을 돌려라. 그렇게 함으로써 성령님과 깊이 교제하라. 우리가 그리스도를 높일 때, 성령님은 우리 안에서 기뻐하실 것이다. 우리가 그리스도를 높일 때, 성령님은 우리에게 적극적으로 다가오시고, 부드럽게 대하시고, 우리와 대화를 나누신다. 그리스도께서 우리의 모든 것이 되실 때, 태양은 떠오르고 천국은 다가온다.

교회가 해야 할 일은 그리스도를 높이는 것이다. 그분을 높이는 것은 또한 성령님의 일이기도 하다. 나는 성령님이 하시는 일을 하면서 그분과 동행할 수 있다. 나는 그분과 같은 길을 갈 수 있으며, 그분이 걷는 속도와 똑같은 속도로 걸을 수 있다. 나는 예수님께 몰두해야 한다. 그분을 높여야 한다. 그분은 "사람이 나를 섬기면 내 아버지께서 저를 귀히 여기시리라"(요 12:26)라고 말씀하셨다. 그러므로 예수님께 영광을 돌리자. 머리와 교리로만 그렇게 하는 것이 아니라 마음과 행동으로 그분을 높이자.

셋째, 의(義) 가운데 행하라.

구원을 주시는 하나님의 은혜는 우리가 불경건과 세상의 정욕을 버리고 건전하고 의롭고 경건하게 살 것을 가르친다. 우리는 자신에 대해서는 건전하게, 주변 사람들에 대해서는 의롭게, 그리고 하나님에 대해서는 경건하게 살아야 한다. 선하게 살지 않으면서 신령한 사람이 될 수 있다는 착각에 빠지지 마라. 잘못된 길, 더러운 길 그리고 불의한 길을 걸으면서도 성령님과 동행할 수 있다는 착각에 빠지지 마라. 성령님과 우리가 뜻을 합하지 못하면서 어떻게 동행할 수 있겠는가? 성령님은 '거룩한' 영이시다. 그런데 내가 '거룩하지 못한' 길을 걷는다면 어떻게 그분과 교제를 나눌 수 있는가?

넷째, 당신의 생각을 '깨끗한 성소'로 만들어라.

하나님은 우리의 생각이 어떠하냐에 관심이 많으시다. 우리의 생각이란 우리가 살고 있는 성소의 내부를 채우고

> 당신 영혼의 푸른 풀밭에 온갖 더러운 짐승들이 배회하거나 더러운 날짐승들이 날아다니도록 방치하지 마라. 그것들을 허락하는 날에 당신 영혼의 풀밭은 황무지로 변할 것이다.

있는 것들이다. 만일 우리의 생각이 그리스도의 보혈로 깨끗하게 되었다면, 우리가 기름때에 절은 작업복을 입고 있다고 해도 우리는 영적으로 깨끗한 방에 살고 있는 것이다. 당신의 생각은 당신의 마음과 기분과 태도에 큰 영향을 끼친다. 하나님은 그것을 당신의 일부로 간주하신다. 평안의 생각, 연민의 생각, 긍휼의 생각, 친절의 생각, 사랑의 생각, 하나님의 생각, 하나님의 아들의 생각, 이런 생각들은 순수하고 선하고 고상한 것이다. 그러므로 당신이 성령님과 친해져서 가까이 지내기 원한다면 당신의 생각을 잘 지켜야 한다. 당신 영혼의 푸른 풀밭에 온갖 더러운 짐승들이 배회하거나 더러운 날짐승들이 날아다니도록 방치하지 마라. 그것들을 허락하는 날에 당신 영혼의 풀밭은 황무지로 변할 것이다. 그러므로 당신의 생각을 굳게 지켜라.

다섯째, 성경이 성령님을 무엇이라고 가르치는지 연구하라.

우리가 성령님을 만날 수 있는 곳은 바로 말씀이다. 성경이 아닌 다른 책들을 너무 많이 읽지 마라. 유명하다는 저자(著者)에 너무 많이 빠지지 마라. 나는 나이를 먹어감에 따라 독서량이 줄어들었다. 고난 가운데 있는 이 세상에 대한 나의 관심이 줄어서가 아니라 영원한 저 세상에 대한 관심이 한층 더 고조되었기 때문이다. 모든 것을 다 알려고 하지 마라. 사실, 모든 것을 다 알 수도 없지 않은가? 성경말씀 속에서 성령님을 만나라. 그분이 성경의 저자이시다. 성경은 전부 성령님의 계시로 이루어졌으므로 성령님을 드러낼 것이다.

성경에서 어떻게 성령님을 만나야 하는가? 무엇보다도 나는 묵상을 권하고 싶다(이 책의 4부는 '성령님에 관한 31가지 묵상'으로 구성되었다). 과거 신앙의 위인들 역시 묵상했다. 그들은 수공이 많이 들어간 구식 의자 위에 성경을 올려놓고 반질반질하게 닦아놓은 마루 위에 몸을 구부린 채 말씀을 묵상했다. 묵상을 거듭할수록 그들의 믿음이 자랐다. 믿음이 자라며 계속해서 성령님의 조명하심을 받자 그들은 말씀을 깨달았다. 하지만 그들은 기껏해야 활자도 작고 여백도 없는, 종이의 질도 매우 낮은 그런 성경을 가지고 있었을 뿐이다. 그런데 최고급 성경이 넘치는 지금 우리 가운데 어느 누구도 그들만큼 성경을 잘 안다고 자부하지 못하고 있다. 따라서 우리는 다시 한 번 정신을 차리고 성경을 깊이 묵상하는 훈련을 해야 한다.

단, 성경 묵상의 훈련을 한답시고 또 다른 모임을 만들지는 마라. 제발 그러지 마라. 우리에게는 이미 너무 많은 모임이 있다. 모임에 신물이 나지 않는가? 혼자 묵상하라. 제발 소박한 그리스도인들이 되어라. 성경을 펴서 의자 위에 올려놓고 묵상하라. 그러면 성경 스스로 당신 앞에 열릴 것이며, 하나님의 영이 그 위에 임하실 것이다.

'성경을 묵상하는 사람'이 되자. 나는 당신에게 이렇게 도전하고 싶다. 한 달만이라도 실험하면서 그 결과를 지켜보라. 다만 묵상하라. 그다지 중요하지 않은 것들을 하느라 시간을 낭비하지 마라. 예를 들어서, 노아에 대해 질문하고 답하고 빈칸에 답을 써넣는 식으로 하지 마라. 단지 성경을 펴고 몸을 구푸려 "하나님 아버지, 제가 여기 있습니다. 저를 가르치소서"라고 기도하라. 그러면 성령님이 당신을 가르치기 시작하실 것이다. 성령님은 자신에 대해, 예수님과 하나님에 대해, 말씀에 대해, 생명과 죽음에 대해, 천국과 지옥에 대해 그리고 그분의 임재에 대해 가르치실 것이다.

마지막으로 한 가지 더 말하겠다. 어디에서나 성령님의 임재를 느끼는 훈련을 하라. 그분을 가까이하고 그분의 임재 속으로 깊이 들어가라. 아침에 일어나자마자 일간신문에 얼굴을 파묻지 말고 성령님을 찾으라. 식탁에 앉아 과일을 먹을 때도 하나님을 생각하라.

> 아침에 일어나자마자 일간신문에 얼굴을 파묻지 말고 성령님을 찾으라. 식탁에 앉아 과일을 먹을 때도 하나님을 생각하라.

성령님을 가까이하라

성령님을 가까이하여 친해지는 것은 하나의 일이다. 이 일이 저저 이루어지지는 않아도 그렇다고 꼭 어려운 일은 아니다. 즐거운 일이다. 이 일은 당신이 아기와 가까워지는 일에 비유할 수 있다. 아무것도 하지 못하고 오직 울어대기만 하는, 통통하게 살이 오른 아기를 처음 보았을 때, 당신은 아기가 낯설게 느껴질 것이다. 그러나 당신이 아기에게 자꾸 말을 걸면, 그 애는 미소를 짓는다(사실 이것은 미소가 아니라 배앓이이다. 그런데 당신은 웃는다고 생각하고 즐거워한다). 조금 지나면 아기가 팔을 흔드는데, 당신은 아기가 손짓한다고 생각한다. 그 후 아기는 콜록콜록 소리를 내는데, 당신은 아기가 "엄마"라고 말한다고 생각한다. 아무튼 이런 과정을 거치면서 당신은 아기와 친해진다.

성령님과의 사귐은 오직 목회자의 전유물인가? 그렇지 않다. 가정주부, 학생, 가게 점원, 우유 배달원도 성령님을 가까이해야 한다. 사람들이 이 말을 진정으로 이해하고 믿고 행한다면, 세상은 온통 성령님이 임재하시는 장소로 변할 것이며, 천하고 세속적인 것들은 모두 사라질 것이다. 당신의 일을 성령님께 맡기고, 그리스도께서 당신의 모든 것이 되시도록 하라. 그러면 당신의 일이 세상적인 관점에서 아무리 보잘것없다 해도 성직(聖職)처럼 느껴질 것이다.

3장

진정한 하늘 복을 받고 싶은가, 성령을 받아라

물질주의적 크리스천! 우리는 이것이 어떤 것인지 알고 있다. 우리 자신이 물질주의적 크리스천들이다.
물질의 화려함에 취해 있는 크리스천들은 성부와 성자께서 약속하신 것을 누리고 있지 못하다.
그러나 하늘에 계신 우리 아버지는 자신의 백성에게 큰 선물을 주시겠다고 약속하셨다.

약속과 준비 그리고 성취

"볼지어다 내가 내 아버지의 약속하신 것을 너희에게 보내리니 너희는 위로부터 능력을 입히울 때까지 이 성(예루살렘)에 유하라"(눅 24:49).

당신은 예수님이 여기에서 사용하신 표현의 출처가 어디인지 생각해본 적이 있는가? 왜 그분은 '내 아버지의 약속하신 것'이라고 말씀하셨는가? 왜 '나의 약속한 것'이라고 말씀하지 않으셨는가? 이 질문에 답하려면 구약성경의 요엘서 말씀으로 돌아가야 한다.

"그후에 내가 내 신(神)을 만민에게 부어주리니 너희 자녀들이 장래 일을 말할 것이며 너희 늙은이는 꿈을 꾸며 너희 젊은 이는 이상을 볼 것이며 그때에 내가 또 내 신으로 남종과 여종에게 부어줄 것이며"(욜 2:28,29).

이 땅에 오신 주 예수님은 이 말씀을 권위 있게 해석하셨다. 또한 교회를 향한 자신의 뜻을 수 세기 전에 하나님께서 주신 약속에 결부시키셨다. 이 모든 것이 성취되는 데에는 세 단계가 필요했다. 이 세 단계는 신약에서 발견된다. 첫 번째, 약속의 기간, 두 번째, 준비의 기간, 그리고 세 번째, 성취의 기간이 바로 그것이다. 이 모든 것은 아버지의 약속과 그분의 백성을 향한 아들의 의도와 밀접한 관계가 있다.

약속의 기간은 대략적으로 세례 요한의 때부터 주님의 부활 때까지이다. 이 기간의 특징은 예수님이 제자들을 택하고 권세를 주고 가르치셨다는 것이며 그들이 그 권세를 행사했다는 것이다. 그들은 주 예수님을 알았고 사랑했다. 그들은 살아 계신 그분을 알았고, 그분이 죽으신 것을 보았고, 그분이 죽은 자들 가운데서 부활하신 것을 보았다. 그들과 함께 계시던 기간 동안 그분은 줄곧 그들에게 기대감을 심어주셨다. 다시 말해서 그분은 "성부(聖父)께서 너희에게 많은 복을 주신 것이 사실이지만, 앞으로 너희에게 더욱 월등하고 새로운 생명의 능력을 부어주실 것이다. 너희가 결코 체험해보지 못한 능력이 너희에게 임할 것이다"라고 약속하셨던 것이다.

주님의 부활과 더불어 준비의 기간이 시작된다. 이 준비의 기간은 그분의 부활로부터 성령 강림의 때까지를 말한다. 제자들은 주님의 특별 명령에 따라 아무런 행동도 하지 않고 잠잠히 기다렸다. 그분은 "기다려라. 이제 곧 너희는 아버지께서 약속하신 것을 받게 될 것이다. 너희의 기대가 충족되며, 너희의 소망이 이루어질 것이다. 그러므로 그때까지 아무것도 하지 말고 기다려라"라고 말씀하셨다.

우리는 역설(逆說)의 깊은 진리에 주목해야 한다. 한 발짝도 앞으로 나아가지 않는 것이 오히려 더 멀리 가는 것일 수 있다. 조금도 움직이지 않는 것이 오히려 더 빨리 움직이는 것일 수도 있다. 학습을 중단했다고 생각될 때 오히려 더 많은 것을 배울 수도 있다. 사실 제자들은 막다른 골목에 다다랐다는 느낌을 받았을 것이다. 그들의 주님이 부활하셨다. 그들은 그것을 목격하고 매우 기뻐하며 가슴 설레였다. 그런데 그분이 그들에게서 떠나가셨다. 이제 그분은 어디에 계신 것인가? 이런 어리둥절한 상황에서 그들은 함께 모여 온전히 한마음이 되어 기다렸다. 사실 약속의 기간 동안에는 이렇게 하지 못했다. 그러나 이제 준비의 기간을 맞은 그들은 120명이나 되는 사람들이 모여 마음을 하나로 모았다.

아버지께서 약속대로 성령님을 보내시자 성취의 기간이 시작되었다. 이 사건을 묘사하기 위해서 베드로가 사용한 표현, 즉 "너희 보고 듣는 이것을 부어주셨느니라"(행 2:33)라는 말은 내가 본 가장 아름다운 표현이다. "부어주셨느니라"라는 말은 폭포수가 떨어지는 것을 연상시킨다. 성령 강림은 제자들의 기대를 충족시켰다. 그러나 사실, '충족시켰다'라는 표현으로는 부족하다. 하나님은 그들의 기대를 충족시키고도 남을 만큼 넉넉히 부어주셨다. 그분은 언제나 넘치도록 부어주신다.

성령 강림의 의미

성령 강림은 무엇을 의미하는가? 그들이 새롭게 받은 것은 무엇인가? 무엇보다도 그들은 그들의 신앙의 실재(實在)에 대한 새로운 종류의 증거를 얻게 되었다. 주지하듯이, 예수님이 메시아이심을 말해주는 증거는 네 가지이다.

첫째 증거 / 성경

예수님은 "너희가 성경에서 영생을 얻는 줄 생각하고 성경을 상고하거니와 이 성경이 곧 내게 대하여 증거하는 것이로다"(요 5:39)라고 말씀하셨다. 그리스도가 누구이신지를 증거하는 것은 바로 성경이다. 이것이 첫 번째 증거이다.

둘째 증거 / 세례 요한의 증거

예수님을 가리켜 "보라 세상 죄를 지고 가는 하나님의 어린 양이로다"(요 1:29)라고 증거한 세례 요한의 증거이다.

셋째 증거 / 성부 하나님의 증거

예수님은 "아버지께서 나에 대해 증거하셨다"라고 말씀하셨다. 성부 하나님께서 예수님에 대하여 증거하신 이것이야말로 그분이 메시아이심을 보여주는 진짜 증거이다.

넷째 증거 / 예수님이 이루신 일들

예수님은 "나의 하는 그 역사가 아버지께서 나를 보내신 것을 나를 위하여 증거하는 것이요"(요 5:36)라고 말씀하시고, 또한 "내가 아버지 안에 있고 아버지께서 내 안에 계심을 믿으라 그렇지 못하겠거든 행하는 그 일을 인하여 나를 믿으라"(요 14:11)라고 말씀하셨다. 예수님이 이루신 일들이 예수님에 대한 분명한 증거이다.

그런데 당신은 여기에 한 가지 심각한 한계가 있다는 것을 알아차렸는가? 주님은 이것을 간파하셨고 성령 강림 때에 이 점을 바로잡으셨다. 그 한계는 무엇인가? 바로 '외적(外的) 증거의 한계'이다. 외적 증거에는 한계가 있다. 자신이 메시아이심을 증명하는 주님의 증거들은 개인에게 외부적으로 드러나며 내부적으로는 주어지지 않는다.

예를 들어서, 개개인은 스스로 성경을 펴서 읽어야 한다. 이것이 외적 증거이다. 외적 증거의 예를 더 들어보자. 그리스도의 교회가 전 세계 구석구석을 다니며 문명을 전하고 병자를 치료하고 소망을 심어준다는 소식이 들린다. 이런 말이 들릴 때 나는 "교회는 하나님께서 세우신 것이 틀림없다. 왜냐하면 교회가 하나님의 뜻에 따라 이런 일들을 하기 때문이다"라는 결론을 내리게 된다. 교회가 병원과 요양원을 세운다고 할 때, 나는 "교회는 하나님께로부터 나온 것이 틀림없다. 왜냐하면 교회가 하는 일은 하나님의 형상을 반영하는 일이기 때문이다"라고 말하게 된다.

교회는 여성들을 노예 상태에서 해방하여 그들을 남성과 동등한 위치에 올려놓았다. 교회는 왕의 성적(性的) 노리개로 전락할 수도 있는 여성을 주체적인 가족의 일원으로 세웠다. 이런 성과에 대하여 들을 때 나는 하나님이 교회를 세우셨다고 확신하게 된다.

역사상 교회가 이룬 일들에 주목해보라. 그러면 교회를 주신 분이 하나님이심을 확신하게 될 것이다. 교회는 문명을 전파하였고, 어려움에 처한 자들을 도왔고, 술집을 추방하였고, 알코

올 중독자들을 구제했다. 이것이 모두 하나님의 뜻을 따랐던 교회의 업적이다. 그러나 여기서 우리가 잊지 말아야 할 것이 있다. 그것은 이 모든 것들이 외적 증거라는 것이다.

성령님의 내적 증거

외적 증거 말고 다른 증거가 있다. 그것은 '내적(內的) 생명의 직접적인 증거'이다. 즉, 당신에게 생명이 있음을 증명해주는 증거이다. 만일 내가 지금 이 자리에서 당신에게 생명이 없음을 증명한다 해도, 당신은 콧방귀도 뀌지 않고 집으로 돌아갈 것이다. 그리고 지금까지 그래왔듯이 아무 염려도 하지 않고 잘 지낼 것이다. 왜냐하면 당신은 이미 내적 생명의 증거, 즉 각적이고도 직접적인 증거를 소유하고 있기 때문이다.

예수님은 종교를 외적 차원에서 내적 차원으로 바꾸어 생명 자체의 차원으로 올려놓으셨다. 그 결과, 이제 우리는 "나는 내가 남이 아니라 바로 나 자신이라는 것을 아는 것처럼 하나님을 안다"라고 말할 수 있게 되었다. 이제 우리는 "나는 내가 죽지 않고 살아 있다는 것을 아는 것처럼 하나님을 안다"라고 말할 수 있게 되었다. 이것은 오직 성령님을 통해서 가능해진 것이다. 기독교가 진리임을 증거하기 위해 변증학(辨證學)을 빌지 않아도 되도록, 인간의 마음속에서 찾을 수 있도록 문을 열어주신 분이 바로 성령님이시다. 그렇다. 성령님은 바로 이 일을 하셨다.

> 기독교가 진리임을 증거하기 위해 변증학(辨證學)을 빌지 않아도 되도록, 인간의 마음속에서 찾을 수 있도록 문을 열어주신 분이 바로 성령님이시다.

당신이 그리스도의 복음을 들고 아프리카나 보르네오 섬으로 가서 이교도들에게 전도한다고 가정해보라. 만일 그들을 논리적으로 설득하려 할 경우에, 그들은 당신의 논리의 제1 전제(前提)조차 이해하지 못할 것이다. 기독교가 하나님으로부터 유래한 것인지 아닌지 논리적 근거에 따라 판단하는 것은 그들에게 불가능할 것이다. 그러나 그들에게 그리스도를 전해보라. 그러면 그들은 믿고 변화되어 악(惡)을 버리고 의(義)로 돌아와 즐거워할 것이다. 또한 성경을 읽고 쓰고 연구하는 법을 배워 교회의 기둥과 같은 지도자가 될 것이다.

이런 일이 어떻게 가능한가? 그것은 성령님이 그들의 마음속에서 직접 활동하시기 때문이다. 이것이 오순절 성령 강림과 더불어 시작된 하나님의 새 일이다. 하나님은 종교를 외적 영역에서 빼내어 내적 영역에 집어넣으셨다.

우리의 문제는 외적 증거에 호소하여 기독교의 진리를 증거하려고 한다는 점이다. 우리는 "이 사람을 보십시오. 그는 누구보다 공을 잘 던집니다. 그는 그리스도인입니다. 그러므로 그리스도는 진리입니다" 또는 "이 위대한 정치인이 성경을 믿습니다. 따라서 성경은 진리입니다"라고 말한다. 우리는 다니엘 웹스터(Daniel Webster, 1782~1852, 미국의 정치가이자 웅변가)나 로저 베이컨(Roger Bacon, 1214~1292, 중세 영국의 철학자 및 과학자)의 말을 자주 인용한다. 또는 "어떤 과학자가 기독교를 믿었으므로 기독교는 진리이다"라고 말하기 위해 책을 쓴다. 형제들이여! 우리는 잘못된 방향으로 너무나 멀리 와 있다. 이것은 신약의 기독교가 아니다. 이것은 인간의 육신에 호소하는 애처로운 발버둥이다. 이것은 하나님의 방법이 아니다. 당신이 외적 증거들을 제시한다면 사람들의 지성을 만족시킬 수는 있을 것이다. 그리스도 역시 이 땅에 계실 때 외적 증거를 사용하셨다. 그러나 그분은 이렇게 말씀하셨다.

"나는 너희에게 더 좋은 것을 보낼 것이다. 나는 기독교 변증을 논리의 영역에서 빼내어 생명의 영역에 집어넣을 것이다. 나는 나의 신성(神性)을 증명할 것이다. 그러나 국무총리나 장군의 이름을 들먹이며 증명하지는 않을 것이다. 복음이 전파될 때 눈에 보이지 않는 성령님이 인간의 마음에 찾아가 나를 증거하실 것이다."

살아 계신 하나님의 영의 증거는 논리를 필요로 하지 않는다. 은백색의 빛이 한순간에 번쩍이듯, 그분의 증거는 인간의 영혼에 직접 작용한다. 날카로운 창이 심장을 꿰뚫듯, 그분의 증거는 인간의 영혼에 직접 파고든다. "날카로운 창이 심장을 꿰뚫듯"이라는 말은 "내 심장이 찔렸나이다"(시 73:21)라는 성경의 표현을 상기시킨다. 어떤 성경 번역자는 "'내 심장이 찔렸나이다'라는 기록에 사용된 '찌르다'가 '그중 한 군병이 창으로 옆구리를 찔렀다'(요 19:34)라는 기록에 사용된 '찌르다'보다도 더 깊숙이 찌르는 것을 의미한다"라고 말했다.

> 살아 계신 하나님의 영의 증거는 논리를 필요로 하지 않는다. 은백색의 빛이 한순간에 번쩍이듯, 그분의 증거는 인간의 영혼에 직접 작용한다. 날카로운 창이 심장을 꿰뚫듯, 그분의 증거는 인간의 영혼에 직접 파고든다.

직접적 증거! 바로 이것이 하나님의 방법이다. 하나님의 영이 인간의 영에 직접 작용하시는 것이 그분의 방법이다. 성령님은 인간 영혼의 깊은 곳에 찾아오셔서 기독교가 진리임을 각인(刻印)시키신다. 오순절 이전에는 주님의 제자들도 이것을 결코 체험하지 못했다. 지금의 교회도 이것을 모른다. 현대의 설교자들은 이런 일이 일어나기 바라지만 이 일은 실제로 일어나지 않는다. 우리는 기독교를 증명한다고 하면서 잘못된 곳에서 헤매고 있다. 따라서 우리는 빨리 돌이켜야 한다. 우리는 외적 증거에 호소하며 기독교를 변증하려는 사람들에게 설교단을 개방해서는 안 된다. 절대 그럴 수 없다. 왜냐하면 우리에게는 더 좋은 방법이 있기 때문이다.

성령님이 주님의 제자들에게 주신 또 하나의 복(福)은 감동

> 지금 우리는 낡고 녹슨 펌프에서 한 방울의 기쁨을 얻기 위해 죽어라고 펌프질을 한다. 그러나 우리에게 돌아오는 것은 십 리 밖에서도 들을 수 있는 녹슨 펌프의 삐걱거리는 소리뿐이다.

이었다. 나는 지금 우리 가운데 감동이 없다는 점 때문에 하나님 앞에서 통탄을 금할 길 없다. 우리 모두에게서 구토를 느낀다. 지금 우리는 낡고 녹슨 펌프에서 한 방울의 기쁨을 얻기 위해 죽어라고 펌프질을 한다. 그러나 우리에게 돌아오는 것은 십 리 밖에서도 들을 수 있는 녹슨 펌프의 삐걱거리는 소리뿐이다. 즐거움을 얻기 위해 경쾌한 리듬의 복음성가를 수없이 만들어내지만 마음은 언제나 공허하다.

또한 성령님은 제자들에게 영적 권세를 주셨다. 그리하여 그들은 두려움과 의심 그리고 형식주의(形式主義)에서 벗어날 수 있었다. 그들에게 주어진 영적 권세는 생명에서 나오는 권세였다.

성령의 오심은 단회적 사건인가?

이제 나는 현대 교회에서 발견되는 아주 중대한 오류를 지적하지 않을 수 없다. 지금 어떤 그리스도인들은 이렇게 말한다. "성령의 오심은 영원히 단번에 일어난 과거의 사건이다. 그렇기 때문에 지금 우리에게 성령이 또 오셔야 하는 것은 아니다. 그리스도의 탄생은 영원히 단회적(單回的)인 사건이다. 그리스도의 탄생이 반복될 수 있는가? 그리스도의 탄생에 대한 가장 탁월한 설교도 그분의 탄생을 다시 반복하게 만들 수 없다. 온 세상의 그리스도인들이 합심하여 기도한다고 해도 그분이 동정녀 마리아에게서 다시 태어나도록 할 수 없다. 그리스도의 죽으심과 부활도 다시 반복될 수 없는 사건이다. 이와 마찬가지로 성령의 오심도 단회적(單回的)인 사건이다. 성령의 오심은 하나님의 섭리 가운데 이루어진 과거의 사건일 뿐이다. 한 번 오신 성령은 우리 모두에게 계시다. 그러므로 우리는 성령의 오심을 위해 기도할 필요가 없다. 우리가 그리스도를 믿는다면 더 이상 다른 것은 필요치 않다."

누구에게나 자기가 옳다고 생각하는 대로 믿을 권리는 있다. 그러나 그렇다고 해서 성경을 떠나 멋대로 믿을 권리까지 있는 것은 아니다. 이렇게 말하는 사람들에게 나는 몇 가지 질문을 던지고 싶다. 나는 이 질문에 대답하지 않을 것이다. 단지 질문할 뿐이다.

풍성한 은혜와 영적 능력을 주시겠다는 하나님의 약속은 오직 1세기 그리스도인들만을 위한 약속인가? 그들이 거듭났으면 우리도 자동으로 거듭나는 것인가? 아니면 그들의 거듭남과 상관없이 우리도 각자 거듭나야 하는 것인가? 당신은 어떤 다른 사람을 위해 대신 거듭날 수 있는가?

> 각자 거듭나야 한다. 마찬가지로 우리도 각자 성령으로 충만해야 한다. 마가의 다락방에 모인 120문도가 성령으로 충만했다고 해서 우리까지 자동으로 성령 충만한 것은 아니다.

내가 이렇게 물으면 아마 당신은 "물론, 아니죠. 모든 사람은 각자 거듭나야 합니다"라고 대답할 것이다. 그렇다. 각자 거듭나야 한다. 마찬가지로 우리도 각자 성령으로 충만해야 한다. 마가의 다락방에 모인 120문도가 성령으로 충만했다고 해서 우리까지 자동으로 성령 충만한 것은 아니다. 그들은 성령 충만했지만 지금 그들은 죽은 사람들이다. 그들이 성령 충만했다는 것이 지금 우리에게 어떤 유익을 주는 것은 아니다.

당신에게 다시 묻는다. AD 33년에 사도 베드로가 먹은 음식이 지금 나를 먹여 살리는가? 베드로가 살던 시대에 유대인의 훌륭한 먹거리였던 꿀을 바른 보리떡과 우유가 지금의 나를 먹여 살리는가? 결코 그렇지 않다. 베드로는 죽었다. 그가 먹은 음식은 나에게 영양분이 되지 못한다.

베드로가 마가의 다락방에서 받은 성령 충만이 내게 유익이 되는가, 아니면 그가 받은 것을 지금 나도 받아야 하는가? 예루살렘과 우리가 사는 곳 사이에는 수천 킬로미터의 거리차가 있다. 이렇게 멀리 떨어진 예루살렘 교회에서 2,000여 년 전에 일어난 일이 내게 무슨 유익을 줄 수 있다는 말인가?

껍데기 크리스천의 문제점

당신에게 몇 가지 질문을 더 하고 싶다. 지금 우리나라에서 바쁘게 살아가고 있는 평균적인 크리스천과 2,000년 전 사도들 사이에는 어떤 유사점이 있는가? 사도들에게 있었던 것이 그들에게도 있는가? 성경을 하나님의 말씀으로 믿고 회심(回心)한 현대의 모든 신자들이 사도들처럼 풍성한 영적 복과 능력을 향유하고 있는가? 결코 그렇지 않다. 그렇지 않다는 것을 당신이 누구보다 더 잘 알 것이다.

물질주의적 크리스천! 우리는 이것이 어떤 것인지 알고 있다. 우리 자신이 물질주의적 크리스천들이다. 물질의 화려함에 취해 있는 크리스천들은 성부와 성자께서 약속하신 것을 누리고 있지 못하다.

그러나 하늘에 계신 우리 아버지는 자신의 백성에게 큰 선물을 주시겠다고 약속하셨다. 그리고 그들을 구속(救贖)하기 위해 이 땅에 오신 아들은 '아버지의 약속하신 것'을 더욱 구체적으로 밝히고 강조하셨다. 아들이 밝히신 '아버지의 약속하신 것'은 말로 표현할 수 없을 만큼 아름답고 놀라운 것이다. 그러나 물질문명의 화려함에 취해 의식이 몽롱해진 크리스천

> 아들(예수님)이 밝히신 '아버지의 약속하신 것'은 말로 표현할 수 없을 만큼 아름답고 놀라운 것이다. 그러나 물질문명의 화려함에 취해 의식이 몽롱해진 크리스천들에게서 '아버지의 약속하신 것'을 발견할 수 있는가?

들에게서 '아버지의 약속하신 것'을 발견할 수 있는가?

형제여, 내 말을 들으라. 우리 주님은 자신이 아버지께로 가서 하나님의 백성에게 놀라운 선물을 주시겠다고 분명히 말씀하셨다. 이 말씀 속에는 "'아버지의 약속하신 것'을 보내줄 때까지 여기에 머물라. '아버지의 약속하신 것'을 받느냐 그렇지 못하느냐에 따라 너희 사역의 성패(成敗)가 갈릴 것이다"라는 뜻이 숨어 있다.

예수님의 약속대로 성령님이 오셨다. 그렇다면 성령님은 예수님의 약속에 담긴 기대에 미치는 분이셨는가? 사람들은 "주님이 약속하신 것이 겨우 이것인가? 정말 실망스럽다"라고 말했는가? 결코 그렇지 않다. 성경은 그들이 놀랐다고 말한다. 주님은 약속하신 것 이상으로 부어주셨다. 말씀으로 약속하신 것은 모두 성령님에 의해 성취되었다.

안타까운 사실은 신자들이 그분이 약속하신 것에 미치지 못한다는 사실이다. 이런 잘못된 상황에서 벗어날 수 있는 유일한 길은 우리의 냉랭함과 안일함을 인정하고 하나님의 약속을 갈급해 하며 하나님 말씀에 순종하는 것이다. 주님은 분명히 약속하셨다. 하지만 우리에게 그 약속이 성취되지 못한 것으로 보아 우리에게 무엇인가 잘못된 것이 있다. 하늘에 계신 우리 아버지께 잘못이 있는 것은 아니다. 왜냐하면 그분은 언제나 약속한 것 이상으로 부어주시는 분이시기 때문이다.

이제 나는 당신에게 간곡히 부탁한다. 내가 이제까지 말한 것들을 경건한 마음으로 깊이 묵상해보라. 그리고 시간을 내어 성경을 연구하고 기도하고 믿고 순종하라. 그러면 주님이 약속하신 것이 우리의 삶과 우리 교회 안에서 성취될 것이다.

4장

인간의 잠재력이 아니라 성령의 힘을 믿어라

기독교는 인간의 전적 무능력을 믿는다. 그렇기 때문에 하나님의 능력을 의지해야 한다고 가르친다.
그분의 능력은 다른 세계(하늘)로부터 임하는 능력이다.
이것은 도덕적 능력이 필요한 연약한 사람들에게 임한 성령님의 능력이요, 은혜이다.

하나님의 능력에 대한 오해

"오직 성령이 너희에게 임하시면 너희가 권능을 받고"(행 1:8).

이 말씀을 잘못 읽는 일부 그리스도인들은 "그리스도께서는 제자들이 성령과 능력을 받을 것이라고 말씀하셨다. 성령이 오신 다음에 다시 능력이 주어지는 것이다"라고 말한다. 영어성경 흠정역(KJV) 본문(But ye shall receive power, after that the Holy Ghost is come upon you)을 피상적으로 읽으면 이런 사람들처럼 생각하게 된다. 그러나 이것은 주께서 제자들에게 '능력으로서의 성령님'이 오시리라고 말씀하신 것이다. 주님의 말씀에 따르면, 성령님이 곧 능력이시다.

우리가 쓰는 말이 아름답고 편리한 것은 사실이지만 때로는 모호하고 오해를 불러일으킬 수도 있다. 그러므로 우리는 세심한 주의를 기울여야 한다. 그렇지 않으면 우리의 말 때문에 남들에게 오해를 살 수도 있고, 그들의 말 때문에 우리가 오해할 수도 있다. 그런데 이런 일은 특히 우리가 하나님에 대하여 말할 때 일어나기 쉽다. 그분은 우주에서 유일무이(唯一無二)하신 분이기 때문에 그분에 대한 우리의 언어와 사고(思考)는 언제나 잘못된 방향으로 흘러갈 위험성을 안고 있다.

이런 위험성을 보여주는 한 가지 예로, '하나님의 능력'(The power of God)이라는 말을 들 수 있다. 이 말을 들을 때 우리는 "근력이 사람에게 속해 있듯이 능력은 하나님께 속한다. 하나님은 능력을 '가지고 계시다.' 그런데 경우에 따라서는 이 능력이 그분에게서 분리되어 독립적으로 존재할 수도 있을 것이다"라고 생각하기 쉽다. 그러나 이런 생각은 완전히 잘못된 것이다.

하나님의 여러 속성(屬性)은 그분을 이루고 있는 구성 요소가 아니다. 만일 그분이 어떤 요소로 구성된 분이라면, 그분은 그분보다 더 큰 다른 존재로 구성된 분에 지나지 않을 것이며, 그분은 우리가 여러 가지 속성이라고 부르는 조각들을 재료 삼아 합성된 하나님이 되고 말 것이며, 우리의 사고(思考)와 상상을 완전히 초월하는 어떤 새로운 존재가 참하나님의 자리를 차지할 것이다. 그러나 이것은 어불성설(語不成說)이다.

성경과 기독교 신학에 의하면, 하나님은 각각의 구성 요소로 분리될 수 없는 분이시다. 하나님은 온전한 통일성을 유지하고 계신 분이시다. 하나님에게서 어떤 것을 떼어낼 수도 없고, 하나님에게 어떤 것을 첨가할 수도 없다. 긍휼, 불변성, 영원성과 같은 말들은 하나님께서 하나님 자신에 대해 우리에게 나타내신 것들에 우리가 붙인 명칭에 불과하다.

성경에는 '하나님의 …' (… of God)라는 표현이 많이 나온다. 그렇지만 이것이 '하나님께서 가지고 계신 것'을 뜻하는 것은 아니다. 이것은 '온전한 통일성 가운데 계신 그분이 어떤 분이신지'를 말해준다.

심지어 '본질'이라는 단어조차 하나님에 대하여 사용될 때에는 그분의 신비로운 신성(神性)의 어떤 것을 정확히 표현해 주는 단어가 되지 못한다. 이 단어는 단지 인간 이해력의 한계 안에서 사용될 수 있을 뿐이다. 하나님은 "나는 스스로 있는 자니라"(출 3:14)라고 말씀하셨다. 그러므로 우리는 다만 경외하는 마음으로 "오, 하나님! 하나님은 자존(自存)하십니다"라고 말할 수 있을 뿐이다.

기독교의 능력은 사이비 심리학의 능력과 다르다

우리 주님은 승천하시기 전, 제자들에게 "너희는 위로부터 능력을 입히울 때까지 이 성에 유하라"(눅 24:49)라고 말씀하셨다. 여기서 '…때까지'라는 말씀에 주목해보자. 이것은 어떤 시점(時點)을 잡아주는 말씀이며 이 시점을 기준으로 모든 것은 '전'(前)과 '후'(後)로 나뉜다. 따라서 제자들이 체험했던 오순절 성령 강림에 대하여 다음과 같이 정리해서 말할 수 있다.

"'오순절 이전에' 그들은 능력을 받지 못했다. '오순절 때' 그들은 능력을 받았다. '오순절 이후' 그들은 이미 능력을 받은 사람들이 되었다."

이것은 분명한 역사적 사실이다. 오순절 성령 강림 때 능력이 교회 위에 임했는데, 이것은 이전까지 인간에게 허락된 적이 없던 능력이었다(유일한 예외는 예수님이 요단강에서 세례를 받으실 때 그분에게 임했던 강력한 기름부음이다). 아직까지 교회 안에서 역사하시는 이 능력 때문에 교회는 지난 2,000년간 존재해왔다. 물론 이 기간 동안 교회는 열국(列國) 중에서도 아주 인기 없는 소수 그룹으로 존재해왔다. 또 교회는 교회를 말살하려고 혈안이 된 원수들에게 둘러싸인 채 생존을 위해 싸워왔다.

주님은 자신의 제자들에게 "너희가 권능을 받을 것이다"(행 1:8)라고 말씀하심으로써 기대감을 불러일으키셨다. 이것은 그들의 외부로부터 그들에게 초자연적 능력이 임할 것을 기대하라는 말씀이다. 전에 알지 못했던 능력이 다른 세계(하늘)에서 갑자기 그들에게 찾아올 것이라는 말씀이다. 그 능력은 바로 그들 중에서 자신의 형상을 다시 이루기 원하시는 하나님 자신이었다.

바로 이 점에서 기독교와 여타의 미신적 행위들이 대별된다. 바로 이 점에서 고대의 것이든 현대의 것이든 온갖 종류의 동양적 사이비 종교들이 기독교와 갈라서게 된다. 나름대로 교리가 있는 미신적인 현상, 뉴에이지적 행태, 사이비 심리학 등은 세부적으로 약간의 이견(異見)을 보이며 애매한 문제들로 서로 경쟁한다. 그러나 크게 보면 그들은 대개 비슷한 주장들을 늘어놓는다.

예를 들면, "무한에 접속(接續)하라", "네 안에서 잠자는 거인을 깨워라", "너의 감추어진 잠재력을 살려라", "긍정적으로 사고하는 법을 배워라", "마음에 믿는 대로 된다"라는 헛소리와 감언이설을 늘어놓는다. 이 말들이 주사 한 대 맞으면 반짝하듯이 일시적으로 심리적인 효과를 줄 수도 있다. 그러나 지속적인 효과를 줄 수는 없다. 왜냐하면 위로부터 임하시는 성령의 능력을 알지 못한 채 다만 인간의 타락한 본성에 희망을 걸기 때문이다.

아무리 좋게 평가하려고 노력해도, 한 가지 사실만은 분명하다. 그것은 이것이 기독교가 아니라는 사실이다. 긍정적 사고방식의 힘 따위를 믿는 것과 위로부터 임하는 성령의 능력을 믿는 것은 하늘과 땅 차이이다. 그리스도인들이여, 이런 잡스러운 것들에 현혹되지 마라.

기독교는 인간의 전적 무능력을 믿는다. 그렇기 때문에 하나님의 능력을 의지해야 한다고 가르친다. 그분의 능력은 다른 세계(하늘)로부터 임하는 능력이요, 부드럽지만 저항할 수 없는 능력이요, 무능한 인간에게 임하는 은혜이다. 이것은 인간의 내부에서 끌어낼 수 있는 어떤 능력보다도 무한히 큰 도덕적 능력이다. 이것은 다른 보조적인 도움을 필요로 하지 않는 자족적(自足的) 능력이다. 이것은 도덕적 능력이 필요한 연약한 사람들에게 임한 성령님의 능력이요, 은혜이다.

종교적 소꿉놀이

기독교는 바로 성령님의 능력의 종교이다. 이런 참기독교와 소위 '윤리적 기독교'를 비교해보라. '윤리적 기독교'는 산상수훈에 나타난 그리스도의 이상(理想)을 인간의 힘으로 실천하겠다고 발버둥친다. 그러나 이것은 인간의 도덕적 능력에 호소하기 때문에 '종교적 소꿉놀이'에 지나지 않는다. 이것은 그리스도와 신약성경에서 가르치는 신앙이 아니다.

"너희가 권능을 받을 것이다"라는 말씀에서 말하는 능력은 기독교 고유의 영적 능력이다. 이것은 신자의 삶의 모든 부문에 영향을 미치며 신자 안에 영원히 머무는 초자연적 능력이다. 이것이 인간의 정신과 육체에 긍정적인 영향을 미치는 것은 사실이나 그렇다고 해서 이것이 정신적 능력이나 육체적 능력인 것은 아니다. 이것은 자연 속에서 볼 수 있는 능력과는 다른 것이다. 바닷물을 끌어당기는 달의 인력(引力)과도 다르고, 거대한 참나무를 두 동강 내는 성난 벼락과도 다르다. 하나님이 주시는 이 능력은 자연의 물리적 힘과는 전혀 다른 차원의 힘이다. 이것은 영적 능력이요, 하나님 자신의 능력이요, 영적 도덕적 목적을 성취할 수 있는 참능력이다. 이것은 전에는 본질상 악했던 인간들을 하나님의 형상으로 변화시킬 수 있는 능력이다.

그렇다면 이 능력은 어떻게 작용하는가? 하나님의 영(靈)이 가장 순수하게 인간의 영에 직접 작용한다. 레슬링 선수는 육체의 힘을 사용하여 상대방의 몸을 제압할 때 승리를 거둔다. 선생은 학생의 머리에 개념을 심어줌으로써 교육한다. 도덕군

자는 제자들의 양심에 자원하는 의무감을 심어주는 교육을 한다. 그러나 성령님은 그분 자신이 인간의 영에 직접 작용하셔서 그분의 거룩한 목적을 이루신다.

진짜 성령 VS 가짜 성령

"성령님은 '언제나' 다른 수단을 일체 사용하지 않고 직접 일하신다"라고 말한다면, 그것은 조금 문제가 있다. 왜냐하면 그리스도께서 소경을 고치실 때 침을 사용하셨듯이 성령님도 때에 따라서는 어떠한 수단을 사용하실 수 있기 때문이다. 성령님이 신자에게 복을 주기 위해 적절한 수단을 사용하실 수 있는 것은 사실이다.

하지만 그것은 우리의 무지와 불신앙을 감안한 임시방편용 수단일 뿐이다. 하나님의 영이 책이나 노래, 설교, 선행 그리고 자연의 위엄과 신비를 사용하실 수 있는 것은 사실이지만 최종적으로 하나님의 영이 인간의 마음에 작용하시지 않으면 이 모든 것들은 허사가 된다.

이런 관점에서 볼 때, 현재 많은 교회에서 볼 수 있는 예배는 참으로 공허하고 무의미하다. 우리가 드리는 예배에는 모든 것들이 다 갖추어져 있다. 그러나 결정적인 문제가 있다. 그것은 바로 성령님의 능력의 부재(不在)이다. 경건의 모양은 있다. 심지어 겉보기에 미적(美的)으로 아름답다고 느낄 정도로 완벽하다. 성가대와 오케스트라, 화려한 강단 장식, 상징성이 풍부한 예복과 탁월한 음향시설, 이런 것들이 모두 어우러져 예배자의 마음을 사로잡는다.

하지만 거기에는 결정적으로 초자연적인 영적 감동이 없다. 요즘 그리스도인들은 위로부터의 능력을 알지도 못하고 사모하지도 않는다. 인간적인 정교한 장치들과 제법 그럴듯한 흥분을 조장해내는 성공 최면술이 성령의 감동을 대체하기 때문이다.

그리스도인들은 지금 가짜 성령이 진짜 성령의 자리를 꿰찬 공백의 냉랭한 파급효과를 처참하게 체험하고 있는 것이다. 이것은 정말 비극이다. 사람들의 영원한 운명을 결정짓는 기독교에서 이런 일이 발생한다는 것은 더더욱 비극이다.

성취하시는 능력

오늘날 기독교 신앙의 거의 모든 영역에서 느낄 수 있는 막연한 공허감의 원인은 무엇인가? 그것은 바로 성령님의 부재이다. 대부분의 교회에서 분명히 느낄 수 있는 것은 실체가 없고 그림자만 남았다는 것이다.

예배를 드리려는 사람은 교회 안으로 들어와 왠지 불안한 마음으로 자리에 앉는다. 그의 마음은 꿈을 꾸듯이 멍한 상태에서 무감각해진다. 설교 말씀이 선포되지만 머리에 들어오지 않는다. 그는 그것을 자기 삶에 구체적으로 적용시키지도 못한다. 목사의 축도로 예배가 끝날 때쯤 '어디에 가서 재미있는 시간을 보낼까?' 라는 생각이 그의 머리를 스친다. 예배는 그의 삶에 아무런 영향을 미치지 못한다.

예배 시간에 그는 어떠한 영적 능력이나 성령님의 임재도 느끼지 못한다. 설교자의 메시지나 찬송가의 가사에 담긴 내용들이 그의 마음에 전혀 와 닿지 않는다. 왜냐하면 그에게는 전혀 신령한 체험이 없기 때문이다.

'능력' 이라는 말뜻은 '어떤 일을 해낼 수 있는 힘' 이다. 성령님의 사역이라는 놀라운 일은 교회와 신자들의 마음속에서 벌어진다. 성령님은 영적인 것들이 그들의 마음속에서 실제로 존재하는 것처럼 느껴지도록 만드신다. 성령님의 능력은 마치 창으로 찌르듯 그들의 마음속으로 파고든다. 휘발성 물질이 공기 중에 퍼지듯이 그것은 인간의 마음 구석구석으로 퍼져서 소기의 목적을 성취해낸다.

이런 작용은 우리의 지성(知性)으로는 파악되지 않는다. 성령님의 능력은 비현실적인 영역에서 작용하는 것이 아니다. 그것은 존재하지 않는 어떤 것을 만들어내지 않는다. 그것은 이미 존재하지만 이제껏 영혼에 감추어져온 것을 드러낸다. 그리스도의 임재를 강렬히 느낄 때 우리는 흔히 성령님의 능력을 가장 먼저 체험하게 된다. 그분은 진짜 인격체로 느껴지며, 아주 친밀하고 가까운 분으로 느껴진다. 이렇게 될 때 다른 모든 영적인 일들이 마음속에서 분명히 떠오르기 시작한다.

하나님의 은혜, 죄사함 그리고 성결의 영 같은 것들이 마치 손에 잡힐 듯 분명히 느껴진다. 이전에는 기도가 무의미하다고 느껴졌지만, 이제는 옆에 계신 분과 나누는 달콤한 대화처럼 느껴진다. 하나님을 향한 사랑과 하나님의 자녀들을 향한 사랑이 영혼을 가득 채운다. 우리가 천국에 더 가까이 와 있다는 느낌이 들고, 땅과 세상은 마치 그 그림자처럼 느껴진다.

땅과 세상의 실재(實在)를 부인하지는 않는다. 하지만 그것이 마치 영화의 한 장면처럼 순간적으로 머물다가 이내 사라지고 말 것임을 분명히 느낀다. 내세가 좀 더 뚜렷하게 느껴질 뿐만 아니라 적극적으로 우리의 관심을 끌기 시작한다. 이런 새로운 깨달음은 우리의 삶 전반에 영향을 끼친다. 그리고 그 영향은 영구적이다. 그래프의 선이 오르락내리락하듯이 신앙생활에 약간의 기복이야 있겠지만, 근본적인 방향은 하늘을 향하고 있다.

이것이 바로 신약성경에서 말하는 '능력으로 변화된 삶'이다. 그렇다면 우리의 삶은 어떤가? 이런 아름다운 삶과 너무 대조되지 않는가?

> 교회에 가장 시급히 요구되는 것은 성령님의 능력이다. 더 많은 교육, 더 탄탄한 조직, 더욱 세련된 방법들 그리고 예배당의 화려한 시설들과 더 비싼 장비들이 문제를 해결해주는 것은 아니다.

생명을 주시는 성령님의 능력을 구하라

지금 하나님의 교회에 가장 시급히 요구되는 것은 성령님의 능력이다. 더 많은 교육, 더 탄탄한 조직, 더욱 세련된 방법들 그리고 예배당의 화려한 시설들과 더 비싼 장비들이 문제를 해결해주는 것은 아니다. 이런 것들은 환자가 죽은 다음에 가져온 인공호흡기와 같다. 환자가 이미 죽은 상태라면 아무리 좋은 인공호흡기로도 그 사람에게 다시금 생명을 불어넣어줄 수 없다는 말이다.

그러나 주님은 "살리는 것은 영이다"(요 6:63)라고 말씀하셨다. 사후약방문(死後藥方文)은 아무런 힘도 쓸 수 없지만 "권능은 하나님께 속하였다"(시 62:11).

교회들이 소위 '연합전선'을 펴서 자기들의 힘을 과시하며 세상적으로 무언가를 얻으려고 한다면 크게 착각하는 것이다. 공동묘지의 묘비들이 반듯하게 열을 맞추어 연합전선을 펴는 것 같아 보여도 세상 사람들이 그 앞을 지날 때에 아무 소리도 내지 못하고 무력하게 서 있는 것처럼, 지금 우리에게 가장 필요한 것은 조직의 연합이 아니라 '성령님의 능력'이다.

내 주장에 귀를 기울이는 사람들이 많지는 않을 것이다. 그러나 나는 성경을 믿는 그리스도인들이 종교 활동의 일시 정지를 선언하고, 성령님의 능력을 받기 위한 준비 작업에 돌입할 것을 제안한다.

지금의 복음적 기독교인들이 얼마나 육신적인가! 어떤 교회에서 드리는 예배는 전혀 경건하지 않다. 우리의 종교적 취향은 완전히 타락해버렸다. 돈으로 예배당을 도배하고 그 안에서 연예오락같이 떠들썩한 공연을 벌인다고 해도 거기에 성령의 능력은 없다.

이 시대야말로 역사상 그 어느 때보다 더 큰 영적 능력이 요구된다. 그렇다면 이제 우리는 어떻게 해야 하는가? 우리는 침묵과 자기반성의 기간을 선포하고, 각자의 마음을 살피고, 영적 능력을 받기 위한 준비 작업에 돌입해야 한다. 그렇게 할 때 말로 표현할 수 없이 큰 영적 유익이 우리에게 주어질 것이다.

위로부터 능력이 임하지 않고서는 우리의 문제가 결코 해결될 수 없다. 우리의 잘못이 무엇인지 보여주고 거기에 따른 처방을 내려줄 수 있는 분은 오직 성령님이시다. 성령님이 없는 기독교의 멍하고 실재하지 않는 것 같은 이 상태를 고칠 수 있는 분은 오직 성령님이시다. 아버지와 아들을 보여줄 수 있는 분은 오직 성령님이시다.

삼위일체 하나님의 거룩한 위엄과 가슴 떨리는 신비를 우리에게 드러낼 수 있는 것도 오직 성령님의 능력의 내적 작용뿐이다.

2부 성령님의 은혜에 사로잡혀라

성령님이 당신을 온전히 사로잡기를 원하는가?
죄를 용납하지 않으시는 분이 당신을 온전히 사로잡기를 원하는가?
전능하신 하나님은 이기심, 자신감, 자기의(自己義), 자기 칭찬, 자기 영향력의 증대 그리고 자기 연민을 금하신다.
그분은 이런 것들이 자리 잡고 있는 마음에는 그분의 능하신 영을 보내지 않으신다.

5장

온전히 성령의 포로가 되라

성령님이 당신을 온전히 사로잡기를 원하는가?
동일한 장소, 동일한 시간에 당신이 더럽기도 하고 동시에 깨끗하기도 할 수는 없다.
이와 마찬가지로, 당신에게 이기심과 성령 충만이 공존할 수는 없다.

성령 충만에 관한 오해들

성령으로 충만해지는 법에 대해 논의하려면 그보다 앞서 몇 가지 해결해야 할 것이 있다. 신자로서 당신은 이것들을 해결해야 하는데, 바로 여기서 어려움이 발생한다. 사실 나는 한 가지 두려움이 있다. 그것은 당신이 나에게 '성령 충만을 받기 위한 다섯 가지 쉬운 단계들'을 기대할지도 모른다는 두려움이다. 당신이 출처가 불분명한 이런 막연한 방법론에 기대를 걸고 있다면 나는 당신에게 "미안하지만 내게 그런 것은 없습니다. 그런 것은 옳은 방법이 아닙니다"라고 말하지 않을 수 없다. 다시 말하지만, 성령 충만을 받으려면 먼저 잘못된 개념부터 청산해야 한다는 것을 명심하라.

　기독교의 모든 교리에 대적하는 사탄은 성령 충만한 삶에 대한 교리에도 대적한다. 사탄은 성령 충만에 대한 교리에 혼선이 빚어지도록 만든다. 또한 성령 충만에 대한 두려움을 주입시키고 그것에 관한 잘못된 교리를 퍼뜨린다. 사탄은 교회가 그리스도의 보혈로 산 영적 기업(基業)을 성부(聖父)께 받지 못하도록 방해공작을 펴는 데 혈안이 되어 있다. 그렇기 때문에 교회는 영적 해방의 능력을 받아 누려야 하는데도 그렇게 하지 못하고 있다. 하나님의 자녀가 놀라운 성령의 기름부음을 받아 온전히 충족한 신앙생활을 할 수 있는데도 그렇게 하지 못한다는 것은 참으로 비극적인 일이다.

　그러므로 당신은 성령의 기름부음이 당신을 위한 것임을 확신해야 한다. 성령 충만이 당신을 향한 하나님의 뜻임을 확신해야 한다. 성령 충만이 당신을 향한 하나님의 전체 계획의 일환임을 확신해야 한다. 그것이 그리스도의 구속(救贖) 사역 안에 포함된다는 것을 확신해야 한다. 그것이 옛날 부흥회에서 신자들이 목청껏 부르짖곤 했던 '보혈로 사신 것' 임을 확신해야 한다.

　분명히 말하지만, 성령 충만은 가외로 하나 더 얹어주는 것이 아니다. 성령 충만한 삶은 '있어도 되고 없어도 되지만 있으면 더 좋은' 그런 것이 아니다. 그것은 하나님의 백성을 향한 그분의 전체 계획상 필수불가결한 부분이다.

성령 충만은 '정상에서 벗어난 어떤 것'이 아니다. 나는 그것이 '특별한 것'임을 인정한다. 왜냐하면 성령 충만한 삶을 사는 사람이 아주 적기 때문이다. 그러나 그렇다고 해서 그것이 비정상인 것은 아니다. 절대 다수가 병자인 지역에서는 건강한 사람이 특별한 사람인 것이 사실이다. 그러나 그렇다고 그가 비정상은 아니다. 성령 충만한 사람이 특별한 사람으로 취급받는 것은 그만큼 대다수의 신자들이 영적으로 병들어 있기 때문이다. 그러니까 그들은 그들이 마땅히 있어야 할 그곳으로부터 상당히 동떨어져 있는 셈이다.

> 성령 충만한 사람이 특별한 사람으로 취급받는 것은 그만큼 대다수의 신자들이 영적으로 병들어 있기 때문이다.

성령님을 두려워하지 마라

성령님에게는 이상하고 괴상하거나 등골이 오싹해지는 그런 것이 없다. 성령님이라고 하면 왠지 섬뜩하고 기괴하다는 편견을 만들어낸 것은 바로 사탄이다. 사탄의 속임수에 넘어간 사람들은 성령 충만한 삶이 이상하고 기괴한 것이라고 믿게 될 것이다.

나의 친구여! 사탄에게 속지 마라. 그는 성령에 관하여 거짓말을 퍼뜨리고 있다. 그는 하와에게 접근하여 "하나님이 참으로 너희더러 동산 모든 나무의 실과를 먹지 말라 하시더냐"(창 3:1)라는 질문을 던짐으로써 하나님을 중상(中傷)한 자이다. 이런 그가 다시 성령님을 중상한다. 성령님에게는 기괴하고 섬뜩한 것이 없으시다. 성령님에게는 사람 마음의 정상적인 작용에 역행(逆行)하는 그 무엇도 없으시다. 그분은 예수님과 똑같은 분이시다. 사복음서를 읽어보라. 그러면 예수님이 얼마나 차분하고 순수하고 온유하고 자연스럽고 사랑스럽고 친절하고 소박하신지 알게 될 것이다. 예수님의 신성(神性)을 믿지 않는 철학자들조차 그분이 얼마나 아름다운 분인지 인정할 것이다.

당신은 성령님에 관한 진리를 모두 받아들이고 확신해야 한다. 어느 정도까지 확신해야 하는가? 당신이 하나님을 설득하려는 노력을 포기할 때까지 확신해야 한다.

당신은 그분을 설득하려고 해서는 안 된다. 그분에게는 당신의 설득이 전혀 필요 없다. A. B. 심슨(A. B. Simpson) 박사는 "성령 충만을 받는 것은 숨을 쉬는 것만큼 쉽다. 숨을 내쉬고 들이쉬는 것이 어려운가?"라고 말하곤 했다. 그는 이런 자신의 견해를 담은 찬송가를 작사하기도 했다. 그의 찬송가는 찬송가로서도 탁월하지만 그 무엇보다 정확한 신학을 담고 있다.

그가 지은 찬송들(찬송가 133장, 408장, 456장, 498장, 530장) 가운데서 그의 진면목을 보여주는 찬송가 133장 1절 가사를 보라.

> 어저께나 오늘이나 아무 때든지
> 영원토록 변함없는 거룩한 말씀
> 믿고 순종하는 이의 생명 되시며
> 한량없이 아름다운 기쁜 말일세
> 어저께나 오늘이나 영원 무궁히
> 한결같은 주 예수께 찬양합시다
> 세상 지나고 변할지라도
> 영원하신 주 예수 찬양합시다.

이제까지 당신은 많이 듣고 생각하고 묵상하고 기도했다. 그런데도 성령 충만이 바로 당신을 위한 것이라는 사실을 믿지 못하겠는가? 아무리 설교를 듣고 책을 읽고 소책자를 뒤져도 성령 충만의 필요성을 느끼지 못하겠는가? 주께서 십자가의 보혈로 당신이 성령 충만한 삶을 누릴 수 있는 권리를 이미 확보해놓으셨다는 사실을 믿지 못하겠는가? 성령 충만은 '있어도 되고 없어도 되지만 있으면 더 좋은 것'이 아니라는 사실을 믿지 못하겠는가? 하나님께 나아가 애걸복걸해야만 성령 충만

> 믿음은 설교를 듣는 데서 생기지 않고 하나님의 말씀을 들음에서 생긴다. 물론 설교가 하나님의 말씀에 근거했을 때에는 설교를 듣는 것만으로도 믿음을 가질 수 있다.

을 얻는 것이 아니라는 사실을 믿지 못하겠는가?

만일 당신이 이중 한 가지에라도 해당된다면, 나는 당신에게 단 한 가지를 하도록 권고할 것이다. 성경으로 돌아가 성령 충만에 관한 말씀을 묵상하라! 바울은 "믿음은 들음에서 나며 들음은 그리스도의 말씀으로 말미암았느니라"(롬 10:17)라고 말했다. 믿음은 설교를 듣는 데서 생기지 않고 하나님의 말씀을 들음에서 생긴다. 물론 설교가 하나님의 말씀에 근거했을 때에는 설교를 듣는 것만으로도 믿음을 가질 수 있다. 나는 당신에게 침착하게 확신 가운데 거하라고 권하고 싶다. 경거망동하지도 말고, 절망하지도 마라. 날이 밝아올 무렵이 가장 어두운 법이다. 당신이 지금 겪고 있는 이 낙심의 때야말로 아름다운 새 삶을 열어가기 위한 예비 단계라고 말할 수 있다. 그러므로 힘써 주님을 알라. 그러면 구름 사이로 강렬한 햇살이 비춰며 어둠은 물러갈 것이다.

두려움은 육신에서 나오는 것이요, 공황(恐慌)은 마귀에게서 나오는 것이다. 두려워하지도 말고 공황에 빠지지도 마라. 주께서 이 땅에 계실 때 많은 사람들이 그분께 나아왔다. 그러나 외식하는 자들을 빼면 아무도 그분을 두려워할 필요가 없었다.

위선자들이 찾아왔을 때 주님은 그들의 폐부(肺腑)를 완전히 드러내셨으며, 그들은 식은땀을 줄줄 흘리며 물러갔다. 그러나 자기 죄를 버리고 주님을 따르겠노라며 찾아온 겸손한 이들에게 그분은 얼마든지 시간을 내어 대화를 나누셨다. 그리고 그들이 잘못된 생각을 품고 있을 때 그것을 고쳐주셨다. 그분은 이 세상에서 가장 친절하고 자상하고 이해심 많은 선생이셨다. 그분은 그 누구도 두렵게 하지 않으셨다. 그러나 죄는 두려움을 느끼게 한다. 만일 당신이 두려움을 느낀다면, 그것은 당신에게 죄가 있기 때문일 수도 있다.

> 죄는 두려움을 느끼게 한다. 만일 당신이 두려움을 느낀다면, 그것은 당신에게 죄가 있기 때문일 수도 있다.

성령의 지배를 받으라

성령으로 충만해지기 위해서는 성령 충만을 갈망해야 한다. 이 말을 듣고 어리둥절해 하면서 이렇게 반문할 사람들이 있을지 모르겠다.

"우리가 성령 충만을 갈망해야 한다고요? 우리가 성령 충만을 사모한다는 것을 목사님이 누구보다 잘 알고 있지 않습니까? 우리가 성령 충만을 갈망한다고 목사님을 만나서, 또 전화로 이야기하지 않았습니까? 오늘 우리가 여기에 와 있는 것도

다 성령에 대한 설교를 듣기 위해서가 아닙니까? 이 모든 것이 성령 충만을 갈망하는 우리의 심정을 잘 대변해주지 않나요?"

반드시 그런 것은 아니다. 왜냐고? 그 이유를 설명하겠다. 나는 정색을 하고 당신에게 묻고 싶다. 당신은 당신의 영(靈)이 아닌 다른 영(靈)에게 사로잡히기를 진정으로 원하는가? 미안한 얘기이지만, 당신은 당신의 영이 아닌 다른 영에게 사로잡히기를 원하지 않을지도 모른다. 그 영이 하나님의 영이라 할지라도, 그 영이 온유하신 예수님의 영이라 할지라도, 그 영이 순수하고 자유롭고 건강한 영이라 할지라도, 그 영이 지혜의 영이라 할지라도, 그 영이 고귀한 신유(神癒)의 영이라 할지라도, 그 영이 하나님의 사랑으로 가득한 영이라 할지라도, 당신은 그 영에게 사로잡히기를 원하지 않을 수도 있다. 왜냐하면 그 영이 당신을 사로잡는다는 것은 그분이 당신의 삶의 주인이 된다는 것을 의미하기 때문이다.

다시 당신에게 묻는다. 성령님이 당신의 삶의 주인이 되시기를 진정으로 원하는가? 물론 당신은 그분이 주실 수 있는 이런저런 유익들을 원할 것이다. 그런 것들을 원하는 것은 당연한 일이다. 그러나 거기에서 끝나지 않고 그분에게 사로잡히기를 원하는가? 당신의 영혼의 열쇠를 성령님께 넘겨드리면서 "주여, 지금부터 저는 제 집의 열쇠도 갖지 않겠습니다. 주님이 가라 하시면 가고, 오라 하시면 올 것입니다"라고 말씀드릴 수 있는가? 당신 회사의 사무실 열쇠까지 성령께 넘겨드리면서 "주여, 이 자리에 앉으셔서 전화도 사용하시고 임원들도 주관하시며 이 회사의 주인이 되어주십시오"라고 말씀드릴 수 있는가? 이렇게 말씀드릴 수 있을 때, 성령님이 당신의 삶의 주인이 되시는 것이다. 바로 이것이 성령 충만이다. 이것을 진정으로 원하는가? 정말인가?

성령님은 우리가 기록된 살아 있는 말씀에 순종하기를 원하신다. 이런 성령님이 당신을 온전히 사로잡기를 원하는가? 죄를 용납하지 않으시는 분이 당신을 온전히 사로잡기를 원하는가?

이기심을 예로 들어보자. 동일한 장소, 동일한 시간에 당신이 더럽기도 하고 동시에 깨끗하기도 할 수는 없다. 이와 마찬가지로, 당신에게 이기심과 성령 충만이 공존할 수는 없다. 성령님은 당신이 인간적인 자신감에 차서 기고만장하는 것을 용납하지 않으실 것이다. 전능하신 하나님은 이기심, 자신감, 자기의(自己義), 자기 칭찬, 자기 영향력의 증대 그리고 자기 연민을 금하신다. 그분은 이런 것들이 자리 잡고 있는 마음에는 그분의 능하신 영을 보내지 않으신다.

당신에게 다시 묻겠다. 당신은 이 세상의 쉬운 길을 반대하시는 그분에게 사로잡히기를 원하는가? 그분은 악을 용납하지 않으신다. 그분은 가시 돋친 농담을 싫어하신다. 혹시 당신은 하나님이 우리의 이런저런 점들을 미워하신다는 말을 들을 때 그냥 웃어넘기려고 하지는 않는가? 만일 그렇다면, 성령님은 당신의 그런 행위를 미워하실 것이다.

하나님의 영이 당신을 사로잡는다면, 당신은 예수님이 세상과 적대 관계에 놓이셨듯이 세상과 적대 관계에 놓일 것이다. 세상이 주님을 십자가에 못 박은 것은 그분을 용납할 수 없었기 때문이다. 그분이 세상을 꾸짖었기 때문에 세상이 그분을 미워하여 십자가에 못 박은 것이다. 세상은 예수님을 미워했던 것만큼이나 성령님을 미워한다. 성령님이 예수님에게서 나오기 때문에 세상의 미움을 받으시는 것이다.

형제여! 당신의 마음을 분명히 정하라. 당신은 성령님의 도우심을 원한다. 성령님이 주실 수 있는 여러 가지 유익들을 갈망한다. 그렇다면 세상의 편한 길을 용납하지 않으시는 성령님과 동행할 준비가 되었는가? 만일 준비가 되어 있지 않다면, 더 이상의 영적 능력이나 축복을 얻겠다는 꿈은 접어라. 만일 준비가 되어 있지 않다면, 당신은 성령님을 원하는 것이 아니다. 단지 성령님을 원한다고 혼자서 착각하고 있을 뿐이다!

제자들을 본받으라

당신은 정말 성령으로 충만해져야 한다고 믿는가? 당신의 현재 상태 그대로 살아갈 수는 없는가? 지금껏 당신은 그럭저럭 잘 해왔지 않은가? 이제까지 당신은 기도하고, 성경을 읽고, 선교헌금을 드리고, 찬송가를 즐겨 불렀다. 음주와 도박과 포르노영화를 삼가고 집에서 기도하며 정직하게 살아가는 것에 대하여 하나님께 감사해왔다. 당신은 이 모든 것을 기뻐한다. 그럼 지금까지 살아온 대로 살아가면 안 되나? 이 모든 것 외에 다른 것이 더 필요하다고 정말 믿는가? 나는 당신에게 헛소리를 하고 싶지 않다. 나는 단지 예수님처럼 하고 싶을 뿐이다.

예수님이 어떻게 하셨는지 보자. 예수님은 자기를 따르는 많은 사람들을 향하여 "너희가 진정 나를 따르기 원하느냐?"라고 물으셨다. 그때 아주 많은 사람들이 예수님 곁을 떠났다. 그러나 베드로는 "주여 영생의 말씀이 계시매 우리가 뉘게로 가오리이까"(요 6:68)라고 말했다. 그때 예수님을 떠나지 않았던 사람들이 새 역사(歷史)를 만들어냈다. 훗날 이 사람들이 오순절 사건을 체험하게 되었다. 성령님은 그들이 앉아 있던 곳을 충만히 채우셨다. 예수님의 말씀을 듣고 예수님을 떠나간 사람들은 오순절 성령 강림이 무엇인지 전혀 알지 못했을 것이다.

하지만 어쩌면 당신은 현재 당신의 상태에 불만을 느낄지도

> 성령 충만을 원하는가? 하나님 앞에서 진한 영적 고독감을 느껴라!

모르겠다. 또 하나님께서 당신의 영적 수준을 현재보다 더 높이 끌어올리기 원하신다고 느낄지도 모르겠다. 당신에게 부족한 것이 있다고 느끼는가? 무엇인가 만족스럽지 못한 것이 있는가? 심오한 영적 깊이, 영적 교제의 높은 차원, 전대미문(前代未聞)의 영적 능력, 아름답고 달콤한 신앙의 열매들, 활기차고 당당한 승리의 생활, 이런 것들을 갈망하는가? 그렇다면, 오라! 오늘밤 당신을 위해 하나님이 준비하신 것이 있다!

'영적 고독'이 있다. 이것은 내면의 고독이다. 하나님께서는 하나님을 찾는 사람들을 고독한 장소로 이끄실 때가 있다. 이런 장소로 이끌려온 사람은 이 세상에 신자가 자기 혼자라고 착각할 정도의 진한 고독감을 느낀다. 이곳에서는 마음이 공허하고 어둡고 외롭다. 그러나 이것은 동터오는 새벽의 직전 단계이다.

"오, 하나님이시여! 우리에게 새벽을 허락하소서!"

성령 충만을 원하는가? 하나님 앞에서 진한 영적 고독감을 느껴라!

성령 충만을 위한 구체적인 조언

그렇다면 성령 충만을 받으려면 어떻게 해야 하는가?

첫째, 당신의 몸을 하나님께 드려야 한다(롬 12:1,2).

하나님은 자신이 소유하지 않은 것으로는 채우실 수 없다. 당신은 당신의 몸과 마음과 인격과 사랑과 야망과 정열을 모두 하나님께 드릴 준비가 되어 있는가? 당신의 모든 것을 하나님께 드리는 것이 제1단계이다. 사실, 몸을 드리는 것은 간단하고 쉽다. 당신은 이렇게 할 용의가 있는가?

둘째, 성령 충만을 구해야 한다.

누가복음 11장 9-12절은 "내가 또 너희에게 이르노니 구하라 그러면 너희에게 주실 것이요 찾으라 그러면 찾을 것이요 문을 두드리라 그러면 너희에게 열릴 것이니 구하는 이마다 받을 것이요 찾는 이가 찾을 것이요 두드리는 이에게 열릴 것이니라 너희 중에 아비 된 자 누가 아들이 생선을 달라 하면 생선 대신에 뱀을 주며 알을 달라 하면 전갈을 주겠느냐"라고 말한다. 어떤 사람들은 신학적으로 이의를 제기하면서 이 말씀이 오늘날에는 해당되지 않는다고 주장한다. 오늘날에는 해당되지 않는다고? 그렇다면 주께서 이 말씀을 왜 하셨을까? 우리가 이 말씀을 믿기 원하지 않으셨다면 그분이 무엇 때문에 이 말씀을 여기에 기록되도록 하셨겠는가? 이 말씀은 오늘날 우리를 위한 말씀이다. 만일 하나님께서 우리가 구하지도 않았는데 성령 충만 받는 것을 기뻐하셨다면, 그분은 우리가 구하지 않아도 성령 충만을 주실 것이다. 그러나 그분은 우리가 구할 때 주시기로 정하셨다. "내게 구하라. 그러면 내가 너희에게 주리라"라는 것이 그분이 정하신 순서이다. 그러므로 구하라.

셋째, 하나님께 순종해야 한다.

성령 충만을 받기 위해 우리가 할 일은 사도행전 5장 32절에 잘 나타나 있다.

"우리는 이 일에 증인이요 '하나님이 자기를 순종하는 사람들에게 주신 성령'도 그러하니라 하더라."

하나님은 자신에게 순종하는 사람들에게 성령 충만을 주신다. 당신은 하나님이 당신에게 요구하시는 바를 행할 준비가 되어 있는가? 그렇다면 하나님이 요구하시는 것은 무엇인가? 그것은 성경말씀대로 사는 것이다. 이것은 아주 간단한 일이다. 그러나 동시에 아주 혁명적인 일이다.

넷째, 믿음을 가져야 한다(갈 3:2).

우리는 믿음으로써 예수님을 영접했다. 마찬가지로 우리는 믿음으로써 성령님을 받는다. 성령님이 강력한 능력으로 임하시는 것은 하나님의 선물이다.

> 성령 충만을 받기 위해 우리가 할 일은 성경말씀대로 사는 것이다. 이것은 아주 간단한 일이다. 그러나 동시에 아주 혁명적인 일이다.

물론, 우리가 회심(回心)할 때에 성령님은 어느 정도 우리에게 임하신다. 만일 그분이 임하지 않으셨다면 우리는 회심할 수 없었다. 그분이 찾아오지 않으셨다면 우리는 거듭날 수 없었다. 왜냐하면 거듭난다는 것은 성령으로 나는 것을 의미하기 때문이다. 따라서 예수 그리스도를 영접한 사람에게는 성령님이 계시다. 그러나 성령 충만은 단순히 그분이 우리 안에 계신 것이 아니라 우리 안에서 우리를 완전히 지배하시는 것이다. 성령 충만은 성령님이 오셔서 우리의 몸과 마음과 목숨과 혼을 완전히 차지하여 지배하시는 것이다. 성령님은 부드럽게 임하시지만 성령님의 지배는 단호하고 직접적이다. 성령님은 우리를 자신의 소유로 만드신다. 이렇게 될 때, 하나님이 성령님을 통하여 우리 안에 거하시는 것이다.

우리가 찬송을 불러야 한다면 어떤 찬송을 불러야 할까? 성령님이 오셨으므로 우리는 '성령이 오셨네'(우리 찬송가 179장 '이 기쁜 소식을')를 불러야 할 것이다.

이 기쁜 소식을 온 세상 전하세
큰 환난 고통을 당하는 자에게
주 믿는 성도들 다 전할 소식은
성령이 오셨네
성령이 오셨네
성령이 오셨네
내 주의 보내신 성령이 오셨네
이 기쁜 소식을 온 세상 전하세
성령이 오셨네.

　성령님이 비록 당신의 마음에 충만히 임하시지 않았다 할지라도 성령님은 분명히 이 땅에 와 계시다. 성령님은 우리의 그릇을 채우려고 지금 여기서 기다리고 계신다. 우리가 믿고 구한다면, 성령님은 우리를 충만케 하실 것이다. 성령의 충만으로 충만하라.

6장

우리의 그릇이 비워질 때 성령 충만이 임한다

십자가 체험을 통해 흙으로 만들어진 우리의 그릇이 비워질 때 그 그릇 안에 성령이 부어질 것이다.
그러므로 성령으로 충만하려면 우리는 우리의 모든 것을 버려야 하고,
내적 죽음의 과정을 통과해야 하고,
오랜 세월 동안 쌓인 아담의 쓰레기를 우리의 마음에서 제거해야 한다.

성령 충만의 당위성과 가능성

"술 취하지 말라 이는 방탕한 것이니 오직 성령의 충만을 받으라"(엡 5:18).

모든 그리스도인이 성령으로 충만해야 하며, 또 그렇게 될 수 있다는 것은 이론(異論)의 여지가 없는 진리이다. 그런데도 어떤 사람들은 성령 충만이 보통의 그리스도인들을 위한 것이 아닌 목사나 선교사 같은 성직자만을 위한 것이라고 주장한다. 또 어떤 사람들은 "우리가 거듭날 때 성령을 받는다. 이때 받은 성령 충만의 정도는 오순절 성령 강림 때 제자들이 받았던 성령 충만의 정도와 똑같다. 그러므로 회심(回心) 후에 추가적으

> 하나님은 성령 충만에 대해 의심하는 사람에게는 성령 충만이라는 놀라운 선물을 허락하지 않으신다. 그분은 성령 충만의 가능성에 대해 교리적인 의문을 품고 있는 사람을 성령 충만케 하지 않으신다.

로 다시 더욱 충만해져야 한다는 주장은 잘못이다"라고 주장한다. 또 어떤 소수의 사람들은 "장차 우리도 성령 충만을 받겠죠. 못 받는다고 해도 뭐 문제될 것 있습니까?"라고 말한다. 또 어떤 사람들은 "나는 성령 충만에 대해서 잘 모릅니다. '성령 충만'이라는 말만 들으면 머리가 복잡해지니까 내 앞에서 그런 얘기를 꺼내지 마십시오"라고 말한다.

그러나 모든 그리스도인들은 그들이 회심할 때 받았던 성령보다 더욱 충만하게 성령을 받을 수 있다. 그들은 오늘날 정통 교리를 믿는 대부분의 신자들보다도 훨씬 더 성령으로 충만해질 수 있다. 우리는 이 점을 분명히 인식해야 한다. 왜냐하면 마음속에 성령 충만에 대한 의심이 조금이라도 남아 있는 상태라면 성령으로 충만해질 수 없기 때문이다. 하나님은 성령 충만에 대해 의심하는 사람에게는 성령 충만이라는 놀라운 선물을 허락하지 않으신다. 그분은 성령 충만의 가능성에 대해 교리적인 의문을 품고 있는 사람을 성령 충만케 하지 않으신다.

성령 충만에 대한 의문을 없애고 성령 충만에 대한 확신과 기대감을 갖는 방법은 무엇인가? 나는 경건한 마음으로 하나님의 말씀을 공부할 것을 권하는 바이다. 특히 신약성경을 열심히 공부하기를 권한다. 그리스도와 그 제자들의 말씀을 겸손한 마음으로 세심히 살펴보라. 만일 그렇게 했는데도 성령 충만의 가능성에 대해 확신을 가질 수 없다면, 다른 어떤 곳에서도 그런 확신을 얻지 못할 것이다. 이런 종교 지도자, 저런 종교 지도자가 성령 충만에 대해 이러쿵저러쿵 말한 것들은 그다지 중요하지 않다. 성경이 성령 충만에 대해 가르치지 않는다면 어떤 논리로도 그것을 합리화할 수 없으며, 성령 충만을 받으라는 권면도 모두 헛된 일이 될 것이다.

성령 충만의 당위성과 가능성에 대해서는 논증하지 않겠다. 내가 굳이 논증할 필요도 없다. 당신이 스스로 성경을 펴서 확인하면 되기 때문이다. 당신이 성령으로 충만해질 수 있음을 성경이 가르치지 않는다면, 지금이라도 당장 이 책을 덮어라. 공연히 시간 낭비할 필요는 없다.

성령 충만을 갈망하는 형제에게 고함

이제부터는 성령 충만의 당위성과 가능성에 대한 의혹을 말끔히 해소한 사람들을 대상으로 말하겠다. 즉, 이제부터 나는 "일정 조건을 충족시키면 나도 성령으로 충만해질 수 있다"라고 확신하는 사람들을 위해 말하겠다.

성령으로 충만해지려면 누구든지 먼저 성령 충만을 받겠다고 단단히 결심해야 한다. 이것은 매우 중요한 문제이다. 많은 그리스도인들이 성령 충만을 갈망한다고 말하지만, 실상 그들은 진정으로 갈망하는 것이 아니다. 그들은 '성령 충만을 받으면 좋기는 한데… 뭐 못 받으면 어쩔 수 없는 것 아니냐?'라는 정도로 생각한다. 더욱이 그들은 성령 충만을 받기 위해 어떤 대가를 치러야 하는지 거의 아는 것이 없다.

성령 충만한 삶에 대해 알고자 일부러 우리를 찾아온 열성적인 젊은 그리스도인이 여기에 있다고 가정해보자. 그가 던지는 질문에 대해 우리는 최대한 조심스럽게 답해야 한다. 그러나 분명히 알려주어야 할 것은 단호하게 말해야 한다. 이런 상황에서 나 같으면 다음과 같이 말해주겠다.

형제는 진정으로 성령 충만을 원합니까? 성령님은 예수님처럼 온유와 사랑이 넘치는 분이지만, 동시에 형제의 삶의 주인이 되기를 원하십니다. 형제는 하나님의 영이 형제를 완전히 지배하시는 것을 받아들일 용의가 있습니까? 성령님이 형제의 삶의 주인이 되시면 그분은 매사 형제에게 무조건적인 순종을 요구하실 것입니다. 대부분의 그리스도인들은 '자기중심적인 죄들'을 용인하며 살아가지만, 성령님은 그런 것들을 용인하지 않으실 것입니다. 내가 말하는 '자기중심적 죄들'은 이기심, 자기연민, 자기의(自己義), 자기를 믿는 교만 그리고 명예욕 같은 것들입니다. 형제는 성령님이 세상의 쉬운 길들과는 완전히 반대되는 분이심을 알게 될 것입니다. 또한 그분이 종교의 울타리 안에 들어와 있는 수많은 어중이떠중이하고도 완전히 반대되는 분이심을 알게 될 것입니다. 그분은 형제에 대한 지배권을 영원히 놓치지 않으려고 하실 것입니다. 그분은 형제가 원하는 방향과는 다른 방향으로 형제의 삶을 이끌어가실 것입니다. 그분은 형제를 시험하고 훈련하고 징계할 수 있는 권리를 결코 포기하지 않으실 것입니다. 형제는 죄 같기도 하고 아닌 것 같기도 한 세상적인 쾌락들을 이제껏 즐겨왔는지도 모릅니다. 하지만 그분은 그런 것들을 이제 더 이상 용인하지 않으실 것입니다. 형제는 다른 그리스도인들도 그런 것들을 즐긴다고 변명하겠지만, 실상 그것은 형제에게 교묘한 악(惡)의 근원이 될 뿐입니다. 그분은 이런 것들을 용납하지 않으시지만 대신 형제를 사랑으로 감싸주실 것입니다. 그분의 사랑이 너무 크고 놀랍고 강하다는 것을 깨달을 때 형제는 "좋은 것을 잃어버렸다고 생각했는데 실제로 얻었으며, 고통이라고 느꼈던 것이 이제 보니 즐거움이구나"라고 말하게 될 것입니다. 물론 이렇게 될 때까지 형제의 육신은 죽겠다고 아우성칠 것입니다. 하지만 이것을 이겨낸다면 형제는 "그리스도의 남은 고난을 그의 몸 된 교회를 위하여 (내) 육체에 채우는"(골

1:24) 영광스런 고난에 동참하게 되는 것입니다. 자, 나는 성령 충만과 관련하여 내가 해줄 수 있는 이야기를 모두 다 해주었습니다. 그래도 형제는 성령으로 충만하기를 원합니까?

십자가의 길

성령 충만이 힘든 길이라고 느껴지는가? 그렇다면 명심하라. 십자가의 길은 결코 편한 길이 아니라는 것을! 사람들을 잔뜩 끌어 모으는 인기 있는 종교 운동은 화려하고 매력적인 광채를 발한다. 그러나 이것은 광명의 천사로 위장한 흑암의 사자(使者)의 번쩍거리는 날갯짓처럼 거짓된 것이다. 세상 사람들 앞에 십자가의 본질을 거리낌 없이 드러내기를 겁낸다면 그 두려움은 어떤 이유에서든지 용납될 수 없다. 이런 두려움은 결국 실망과 비극을 안겨줄 뿐이다.

성령으로 충만해지기 위해서는 성령 충만을 받겠다는 열망으로 가득해야 한다. 성령 충만에 대한 지극한 갈망이 다른 모든 것들을 마음 밖으로 몰아낼 정도가 되어야 한다. 무릇, 우리 삶의 어떤 목표이든지 간에 그것은 우리가 진정으로 갈망하는 만큼 채워진다. 바꿔 말하면, 충족은 갈망에 비례한다. 우리는 하나님을 갈망하는 만큼 하나님을 소유하게 된다. 성령 충만을 방해하는 것들 중 하나는 오늘날 복음주의 그리스도인들 사이에 만연한 잘못된 신학이다. 이 신학의 주장인즉, "사람들은 성경을 모르는 불신앙 때문에 성령 충만을 갈망한다"는 것이다. 나는 이런 신학을 '자만(自滿)의 신학'이라고 부르고 싶다. 이것은 완전히 잘못된 신학이다. 하나님의 말씀을 제대로 연구하는 사람은 이런 잘못된 신학에 결코 빠지지 않을 것이다. 이 신학을 붙드는 사람들에게서 성결의 삶을 찾아볼 수 없다는 것이 이 신학의 오류를 웅변적으로 말해준다.

> 충족은 갈망에 비례한다. 우리는 하나님을 갈망하는 만큼 그분을 소유하게 된다.

깊은 불안과 내적 동요의 시기를 거치지 않았는데도 그 사람이 성령 충만을 받는 경우는 없는 것 같다. 신앙적 자만(自滿)은 언제나 영적 생활의 적(敵)이다. 위대한 신앙인들의 전기를 읽어보라. 큰 고난과 정신적 번뇌의 시기 없이 영적 거인이 된 사람은 없다는 것을 알게 될 것이다. 어떤 사람들에게는 '십자가의 길'이라는 말이 멋지고 고상하게 느껴지지만, 진짜 그리스도인에게는 십자가가 말 그대로 십자가일 뿐이다. 진짜 그리스도인에게 십자가는 버림받고 죽임당하는 것을 의미한다. 교수형을 즐긴 사람이 없었듯이 십자가를 즐긴 그리스도인은 없다.

자신의 영적 상태를 끌어올리려고 애쓰다가 자신의 절망적

> 절망이 절망으로 끝나면 말 그대로 절망이다. 그러나 절망 속에서 믿음을 가지면 그 절망은 약(藥)이 된다. 왜냐하면 이런 절망은 우리 영혼의 가장 큰 적수 중 하나인 교만을 깨부수기 때문이다.

인 상태를 깨닫고 소스라치게 놀라는 그리스도인에게는 사실 희망이 있다. 절망이 절망으로 끝나면 말 그대로 절망이다. 그러나 절망 속에서 믿음을 가지면 그 절망은 약(藥)이 된다. 왜냐하면 이런 절망은 우리 영혼의 가장 큰 적수 중 하나인 교만을 깨부수고 '위로의 성령님'이 찾아오실 길을 예비하기 때문이다. 우리가 깨어 기도한다면 우리의 공허감, 실망감, 슬픔과 고뇌는 우리를 사망의 음침한 골짜기에서 이끌어내어 쉴 만한 물가로 인도하는 주님의 지팡이가 될 수 있다. 그러나 절망에 담긴 내밀한 영적 기회를 알아차리지 못하는 사람은 자비하신 하늘 아버지께서 예비하신 풍성한 복을 받지 못할 것이다.

그러므로 하나님의 깊은 뜻을 헤아리며 순종하라. 그러면 그분은 이제까지 오랫동안 우리에게 평안을 주었던 세상의 것들을 거두어 가실 것이며, 우리가 오직 성령님의 위로만 의지하도록 도우실 것이다. 또한 그분은 이제까지 우리를 가렸던 가면(假面)을 찢어내어 우리가 얼마나 철저히 부패했는지 드러내 주실 것이다. 그때 비로소 우리는 "심령이 가난한 자는 복이 있다"(마 5:3)라는 주님의 말씀의 깊은 뜻을 깨달을 것이다.

성령님과의 동행

우리가 고통스러운 연단의 과정을 통과할 때 우리 하나님은 결코 우리를 버리지 않으신다. 그분은 우리를 떠나지 않으실 것이요, 우리에게 진노하지도 않으실 것이요, 우리를 꾸짖지도 않으실 것이다. 그분은 자신의 언약을 깨지 않으실 것이요, 그분의 입에서 나온 말씀을 바꾸지도 않으실 것이다. 우리를 눈동자처럼 지키실 것이요, 어미가 자식을 지키듯이 지키실 것이다. 그분의 뜻에 따라 우리가 "나의 하나님, 나의 하나님, 어찌하여 나를 버리셨나이까"(시 22:1 ; 마 27:46 ; 막 15:34)라고 부르짖을 만큼의 고통스러운 십자가 체험을 통과할 때에도 그분의 사랑은 결코 약해지지 않을 것이다.

우리를 십자가에 못 박는 고통스런 과정에서 인간의 공로는 조금도 인정되지 않는다. '자기의'(自己義)라는 미덥지 못한 불빛은 우리의 '어두운 영혼의 밤'을 절대 밝혀주지 못한다. 우리가 그토록 갈망하는 기름부음이 우리의 고난 때문에 우리에게 주어지는 것이 아니라는 말이다. 우리의 영혼이 고난의 광야를 통과한다는 사실 그 자체가 우리를 하나님께 더 가까이 이끄는 것도 아니며, 그분에게서 어떤 가외(加外) 은총을 내리도록 하는 것도 아니다. 고난의 광야 체험이 우리에게 주는 의미는 그 체험이 우리의 관심을 되돌려놓는다는 데 있다. 덧없는 세상 것들에서 영원한 것들로 우리의 관심이 바뀐다는 데 있다. 십자가 체험을 통해 흙으로 만들어진 우리의 그릇이 비워질 때 그 그릇 안에 성령이 부어질 것이다.

그러므로 성령으로 충만하려면 우리는 우리의 모든 것을 버려야 하고, 내적 죽음의 과정을 통과해야 하고, 오랜 세월 동안 쌓인 아담의 쓰레기를 우리의 마음에서 제거해야 하고, 하늘에서 찾아오시는 손님에게 모든 방문을 활짝 열어드려야 한다.

성령님은 살아 계신 인격체(人格體)이시다. 그렇기 때문에 우리는 그분을 인격체로 대우해드려야 한다. 우리는 그분이 비인격적(非人格的)인 힘이나 맹목적인 에너지라고 믿어서는 안 된다. 그분은 우리와 똑같이 보고 듣고 느끼신다. 그분은 우리에게 말씀하시고, 우리가 말할 때 들으신다. 우리 때문에 다른 사람들이 기뻐하거나 슬퍼하거나 침묵할 수 있듯이, 그분도 우리 때문에 기뻐하거나 슬퍼하거나 침묵하실 수 있다. 우리가 그분을 알기 위해 조금이라도 노력하면 그분은 우리의 노력에 반응하실 것이다. 우리가 그분을 만나러 가면 그분은 벌써 우리 쪽으로 절반 이상 와 계실 것이다.

우리의 위기 체험은 더 큰 목적을 위한 과정이다. 더 큰 목적이란 평생 성령님과 동행하는 것이다. 즉, 그분이 우리 안에 거하시며 우리를 인도하고 가르치고 능력을 부어주시는 것이다.

그런데 이처럼 성령 안에서 행하기 위해서는 몇몇 조건들을 충족시켜야 한다. 이 조건들이 무엇인지는 성경에 잘 나와 있다. 그러므로 누구든지 원하기만 하면 성경에서 얼마든지 확인할 수 있다.

> 성령 충만한 생활을 하려면 물고기가 물 안에서 살듯이 하나님의 말씀 안에서 살아야 한다.

성령 충만한 생활을 하려면 물고기가 물 안에서 살듯이 하나님의 말씀 안에서 살아야 한다. '하나님의 말씀 안에서 산다는 것'은 단순히 성경 공부를 한다거나 교리 강좌에 참가하는 것을 의미하지는 않는다. 그것은 밤낮으로 그분의 말씀을 묵상한다는 뜻이다. 날마다, 시간마다 말씀을 사랑하고 배불리 먹고 완전히 소화하는 것을 의미한다. 생활 속의 이런저런 문제들이 우리 마음속으로 침투해 들어와 우리의 마음을 사로잡으려고 할 때, 우리는 거의 반사적으로 말씀대로 반응해야 한다.

내주하시는 성령님을 기쁘시게 해드리려면 그리스도로 충만해야 한다. 지금 성령님이 하시는 일은 그리스도를 높이는 것이다. 그분이 하시는 모든 일은 궁극적으로 이 한 가지 목적에 집중되어 있다. 그러므로 우리는 우리의 생각을 깨끗하게 해야 한다. 우리의 생각은 성령님이 거하시는 성소(聖所)이다. 왕이 더러운 내의(內衣)를 불쾌하게 여기듯이 성령님은 우리의 더러운 생각들을 불쾌하게 여기신다. 반면 그분은 우리가 우리의

> 성령 충만한 삶은 '있어도 되고 없어도 되지만 있으면 더 좋은' 사치품 같은 것이 아니다. 그것은 특권이 주어진 소수의 별종(別種)만을 위한 것이 아니다.

감정적인 기복(起伏)에 좌우되지 않고 늘 그분을 믿고 의지할 때 기뻐하신다.

성령님은 대양(大洋)이시다

성령 충만한 삶은 '있어도 되고 없어도 되지만 있으면 더 좋은' 사치품 같은 것이 아니다. 성령 충만한 삶이란 특권이 주어진 소수의 별종(別種)만을 위한 것이 아니다. 그것은 어쩌다가 우연히 남들보다 더 고상하고 예민한 성격을 갖게 된 사람들만을 위한 것도 아니다. 구원받은 사람이라면 누구나 다 성령 충만한 삶을 살아야 한다. 성령으로 충만한 삶은 곧 그리스도로 충만한 삶이다. 사도 바울은 그리스도로 충만한 삶에 대하여 이렇게 증거한다.

"이 비밀은 만세와 만대로부터 옴으로 감취었던 것인데 이제는 그의 성도들에게 나타났고 하나님이 그들로 하여금 이 비밀의 영광이 이방인 가운데 어떻게 풍성한 것을 알게 하려 하심이라 이 비밀은 너희 안에 계신 그리스도시니 곧 영광의 소망이니라"(골 1:26,27).

페이버(Faber, 1814~1863. 영국의 찬송가 작가)는 경외심으로 가득한 그의 아름다운 찬송가 가운데 성령님을 이렇게 찬양했다.

성령님은 대양(大洋)이십니다.
'창조되지 않은 사랑'으로 넘실대는 대양이십니다.
이 사랑의 해일이 나를 덮칠 때
내 영혼은 떨립니다.

성령님은 바다이십니다.
해안도 없고 끝도 없는 바다이십니다.
나의 이 좁은 마음을
무한히 채워주십니다.

A.W. TOZER
THE HOLY SPIRIT

II

3부
성령님의 불사람이 되라

구약 시대에는 하나님의 임재의 영광이 시은좌(施恩座) 위에서 빛을 발하였다.
그런데 이 오순절 사건에서는 하나님의 영이 하나님의 백성들 위에 불로서 임하셔서 그들의 영혼 안으로 들어오셨다.
이것은 하나님이 구속(救贖)받은 사람들에게 자신을 주신 것이다.
이 불은 새 연합의 인침이었다. 이제 그들은 '불의 사람들'이 되었다.
오늘 우리도 '불의 사람들'이 되어야 한다.

7장

왜 우리는 불길 성령의 능력을 받지 못하는가?

성령의 능력을 받지 못하는 이유는 종교생활에 감정이 개입되는 것을 두려워하는 편견 때문이다.
이런 편견이 너무나 뿌리 깊게 자리 잡고 있기 때문에 진지한 사람들은 감정을 기피할 정도이다.

'성령의 부어주심'은 반복되어야 한다

교리적 편견 없이 냉정하게 성경을 읽어보라. 그러면 하나님께서 하나님의 백성에게 필요에 따라 자주 성령을 부어주심으로써 하나님의 일을 이루기 원하신다는 사실을 알게 될 것이다. 물론 하나님께서는 그들이 성령을 받을 준비가 되어 있을 때 부어주신다.

내가 이렇게 말하면 어떤 사람들은 나를 향해 이렇게 포문(砲門)을 열 것이다.

"오늘날 성령의 부어주심을 기대하거나 성령을 부어달라고 기도하는 것은 비성경적이다. 성령은 오순절에 '영원히 단번에' 부어졌다. 그리고 그후 줄곧 그분은 교회를 떠나신 적이 없다. 그러므로 지금 성령을 부어달라고 기도하는 것은 오순절 사건을 부정하는 것이다."

이런 주장은 많은 교회에서 일어나는 성령에 대한 열망의 불을 꺼트렸고 그 기도를 그치게 했다. 또 이 주장은 왠지 정통 교리에 더 가까운 것 같고 듣기에도 그럴 듯하다. 그러나 사실은 잘못된 이야기이다. 이것은 성경의 교훈에도 어긋나고, 교회의 역사(歷史) 속에 나타난 하나님의 행하심과도 맞지 않는다.

성령을 부어주심이 오순절 사건에서 영원히 단번에 끝났다고 주장하는 교리는 성경의 지지를 받지 못한다. 성경은 '축복의 소나기'와 '마른 땅에 부어지는 성령의 강(江)'을 사모하라고 가르친다. 오순절에 부어진 성령이 당시 마가의 다락방에 없었던 사람들과 교회에도 자동으로 영향을 끼친다는 것은 불가능하다. 오순절의 영적 축복이 그곳에 모였던 120명 신도들의 사후(死後)에도 계속해서 교회에 부어져야 한다는 것은 너무나 당연한 이야기이다. 성령님은 당시의 120명뿐만 아니라 다른 사람들도 충만케 하셔야 한다. 만일 그렇지 않다면, 그 120명 중 마지막 사람이 죽었을 때 오순절의 영적 축복도 영원히 사라졌을 것이다.

논리적으로 보더라도 나의 주장은 지극히 타당하다. 그러나 나는 내 주장을 뒷받침하기 위해 성경의 기록에 다시 호소하려 한다. 사도행전을 보자.

"빌기를 다하매 모인 곳이 진동하더니 무리가 다 성령이 충만하여 담대히 하나님의 말씀을 전하니라"(행 4:31).

오순절 사건이 일어난 후 얼마의 시간이 지났을 때, 제자의 무리는 그들에게 닥친 어려운 일을 해결하기 위한 능력을 얻기 위해 모여서 기도했다. 이때 모였던 사람들 중 일부는 오순절 사건 때 마가의 다락방에서 성령을 부어주심을 이미 체험한 사람들이었다. 오순절 사건 이후 다시 그들을 충만케 하시는 것이 하나님의 본뜻이 아니라면, 그분은 자신의 뜻을 거슬러 행동하셨다는 말이 된다. 이것은 상상할 수도 없는 일이다. 더욱이 사도행전 8장, 10장, 19장에는 하나님이 성령을 부어주신 또 다른 사건들이 기록되어 있다. 이 모든 것은 최초의 오순절 사건이 일어나고 몇 년이 지난 후에 일어났다.

만민에게 신을 부어주시겠다는 하나님의 약속

요컨대, 오순절의 성령 강림 사건은 새 시대의 시작에 불과했다는 것이 신약의 가르침이다. 이 새 시대는 성령을 부어주심이 계속되는 시대이다. 하나님은 요엘 선지자를 통해 말세에 모든 육체에게 자신의 영(靈)을 부어주시겠다고 약속하셨다.

이 약속에서 '말세'란 예수님의 처음 오심부터 다시 오심까지의 기간을 가리킨다.

능력을 부어주시겠다는 하나님의 약속의 유효 기간은 교회가 이 땅에서 영적 전쟁을 치러야 하는 기간 전체에 해당한다. 이것은 2,000년에 걸친 교회의 역사가 증명하는 진리이다. 역사적으로 볼 때, 대다수의 기독교인들은 신조(信條)와 예전(禮典)을 붙드는 데 만족했다. 그러나 소수의 그리스도인들은 능력을 부어주시겠다는 하나님의 약속을 붙들어서 성령님의 능력을 맛보았다. '종교개혁'이라고 불리는 역동적 사건, 봇물처럼 터진 선교사 파송, 여러 지역과 나라를 휩쓴 부흥의 열풍, 이런 것들은 하나님께서 그분의 약속에 따라 불을 보내셨다는 증거이다. 모라비아교도들, 대각성운동의 일꾼들 그리고 생명책에 그 이름이 기록된 별처럼 빛나는 설교자들과 선교사들이 모두 성령의 불바람으로 일어났다. 오늘날에도 하나님께서 사람들에게 여전히 하나님의 영을 부어주신다는 증거들이 도처에서 발견된다. 스칸디나비아 반도를 중심으로 하는 여러 나라, 동인도(東印度) 및 남미(南美)에서 일어나는 강력한 성령의 역사는 아직 끝나지 않은 하나님의 책, '성령행전'의 새로운 장(章)에 계속 기록되고 있다.

하나님께서 자신의 영을 우리에게 부어주기 원하신다면, 어찌하여 더 많은 그리스도인들과 더 많은 교회들이 초대교회처럼 능력을 체험하는 일이 벌어지지 않고 있는 것일까? 물론 소수의 교회에서 소수의 사람들이, 그들이 체험한 능력을 기쁨 중에 고백하고 있다. 그렇다면 어찌하여 소수만이 그런 체험을 하는가? 능력을 부어주시겠다는 하나님의 약속은 너무나 명백하다. 또한 누구나 그 약속에 근거하여 능력을 받을 수 있다. 그렇다면 도대체 무엇이 잘못되었기에 우리에게 능력이 임하지 않는 것인가?

성령의 능력을 받지 못하는 이유

이 질문에 답하기 위해 나는 다음과 같은 분석을 내놓으려 한다. 이것은 많은 기도와 성실한 관찰의 결과 내린 분석이다.

첫째, 종교생활에 감정이 개입되는 것을 두려워하는 편견 때문이다.

이런 편견이 너무나 뿌리 깊게 자리 잡고 있기 때문에 진지한 사람들은 감정을 기피할 정도이다. 누군가 신앙적인 조언(助言)을 구할 때 조언해주는 사람은 마치 마귀를 피하듯이 감정을 피하라고 경고하느라 열을 낸다. 성경을 가르치는 사람들도 감정이 잘못된 것이라고 역설하기 때문에 그런 사람들에게 배우는 사람들은 감정에 지배된 적이 있다는 사실을 부끄럽게 여

> 생명이 행동을 낳듯이, 신앙은 감정을 낳는다. 신앙이 없이 감정을 가질 수 있다. 그러나 감정도 없이 신앙을 가질 수 있는 것은 아니다. 아무 감정 없는 차디찬 광선(光線) 같은 신앙은 성경 어디에서도 발견되지 않는다.

기게 된다. 감정과 신앙이 서로 배타적인 것이라는 가르침이 만연하자 사람들은 감정을 표현하는 일이 세속적인 것은 아니라고 해도 적어도 교양 없는 짓이라고 믿게 되었다. 따라서 그들은 어떻게 해서든지 감정을 드러내지 않으려고 한다.

심지어 일부 선량한 사람들조차 지지(支持)하는 이 반감정주의(反感情主義)는 정통적 신앙을 가진 사람들 사이에서 급속히 퍼지고 있다. 그러나 반감정주의는 근거 없는 논리이며, 비성경적인 교리이자 상식과 심리학에도 위배된다. 도대체 성경 어디에 신앙과 감정을 서로 적대적으로 취급하는가? 생명이 행동을 낳듯이, 신앙은 감정을 낳는다. 신앙이 없이 감정을 가질 수 있다. 그러나 감정도 없이 신앙을 가질 수 있는 것은 아니다. 아무 감정 없는 차디찬 광선(光線) 같은 신앙은 성경 어디에서도 발견되지 않는다.

히브리서 11장에 언급된 신앙의 위인들을 보라. 그들의 신앙은 예외 없이 감정을 불러일으켰으며, 신앙적 목표를 이루기 위한 적극적 행동을 낳았다. 신앙적 선포, 약속 그리고 경고는 신자들의 마음에 언제나 일정한 감정을 불러일으켰다. 노아는 두려움을 느꼈고, 아브라함은 기뻐하며 순종했다. 사도행전은 기쁨이 충만한 사람들에 대한 기록이다. 신앙이 감정을 낳는다는 진리를 가장 잘 요약해서 표현한 사람은 아마 사도 바울일 것이다. 그는 로마 교회에 보내는 편지에서 "하나님의 나라는 먹는 것과 마시는 것이 아니요 오직 성령 안에서 의(義)와 평강과 희락이라"(롬 14:17)라고 말했다. 베드로 또한 "예수를 너희가 보지 못하였으나 사랑하는도다 이제도 보지 못하나 믿고 말할 수 없는 영광스러운 즐거움으로 기뻐하니"(벧전 1:8)라고 말했다.

둘째, 광신적(狂信的) 신앙에 대한 두려움 때문이다.

이런 종류의 두려움은 세련되고 교양 있다는 사람들에게서 특히 많이 발견된다. 높은 영적 경지에 이르렀다고 자부하는 사람들이 종종 절제되지 못한 광신적 행동을 보일 때가 있다. 이런 사람들을 볼 때 많은 하나님의 자녀들이 본능적으로 혐오감을 느끼며 성령의 능력으로 충만한 삶에서 점점 멀어지게 된다. 그들은 교양 있고 세련된 사람들이기 때문에 오순절의 후손으로 자처하는 사람들의 조악(粗惡)하고 상스러운 언행을 용납하지 못한다. 그들은 '성령의 능력'이라는 말만 들으면 시끄럽고 광신적이고 상스러운 사람들을 머리에 떠올리게 되며 따라서 성령의 능력을 사모하지 않게 된다. 그들의 이러한 태도가 어느 정도 이해되지 않는 것은 아니다. 하지만 그들에게도 문제가 많다. 그들은 성령님이 예수님의 영이라는 것을 기억해야 한다. 즉, 성령님은 예수님처럼 우아하고 아름다운 분이심을 기억해야만 한다. 바울은 "하나님이 우리에게 주신 것은 두려워하는 마음이 아니요 오직 능력과 사랑과 근신하는 마음이니"(딤후 1:7)라고 말했다. 성령님은 광신(狂信)의 원인이 아니라 광신의 치료자이시다.

> 성령님은 광신(狂信)의 원인이 아니라 광신의 치료자이시다.

셋째, 성령의 능력이 없는 설교자에게서 계속해서 성령의 능력에 관한 설교를 듣기 때문이다.

성령이 없는 사람이 계속해서 성령에 대해 설교한다면 이것을 듣는 이의 마음은 굳어질 수밖에 없다. 믿음 없는 사람이 전하는 성령의 교리만큼 냉랭한 교리도 없다. 성령님께서 설교자를 통해 청중을 친히 권하시지 않는다면 청중은 "성령 충만을 받으라"라고 하는 설교자의 소리에 콧방귀도 뀌지 않는다. 성령 충만의 교리를 배워서 그것을 말로 정확히 전하는 사람이라고 해도 실제로는 그 사람 자신이 전혀 성령 충만하지 않을 수 있다. 이럴 때 청중은 그에게 성령의 능력이 없다는 것을 느끼

고 냉랭한 마음으로 교회 문을 나서게
된다. 청중은 성령 충만의 교리에 반대
하지 않는다. 다만 그들은 성령 능력의
부재(不在)에 대해 무의식적으로 냉랭
한 반응을 보이는 것이다. 그들은 성령

> 성령의 능력이 없는 설교자에게 성령의 능력에 관한 설교를 듣는 것은 음성이 아니라 메아리를 듣는 것이요, 빛이 아니라 그림자를 보는 것이다.

능력의 부재에 대한 문제 제기를 거의 하지 않는다. 왜냐하면 설교자에게 영적 능력이 없어서 자기들의 마음이 냉랭하다는 것을 의식하는 청중이 많지 않기 때문이다. 성령의 능력이 없는 설교자에게 성령의 능력에 관한 설교를 듣는 것은 음성이 아니라 메아리를 듣는 것이요, 빛이 아니라 그림자를 보는 것이다.

믿음에 대한 오해

성령 충만을 갈망하는 사람들에게 "믿음으로 성령의 능력을 받으라"라고 가르치는 것이 성령의 능력을 받는 것을 방해할 수도 있다. "믿음으로 받으라"라고 가르치는 것이 문제이다? 이것이 무슨 말인가? 지금부터 차근차근 설명해보겠다.

그리스도의 속죄(贖罪)의 유익을 믿음으로 받아야 한다는 교리는 신약성경 도처에서 발견된다. 이 교리는 구속(救贖)의 신학에서 아주 기초적인 것이다. 이 교리를 부정한다면, 수많은 진정한 그리스도인들의 능력 체험을 설명할 수 없다. 바울은 믿음을 통해 성령을 받는다는 점을 매우 강조하였고, 이 점에서 그와 다른 교리를 가르치는 사람들을 꾸짖었다. 이런 점들을 고려할 때, 사람들에게 "믿음으로 받으라"라고 가르치는 것이 겉으로는 매우 건전한 것처럼 보인다.

그러나 사실은 여기에 함정이 있다. 현대의 선생들이 사용하는 "믿음으로"라는 말의 의미는 사도 바울이 사용했던 "믿음으로"라는 말의 의미와 다르다. 바울 시대의 성령 충만한 그리스도인들과 현재 성령 충만하다고 주장하는 사람들 사이에는 뚜렷한 차이가 있다. 바울이 회심(回心)시킨 사람들은 분명 믿음으로 성령을 받았다. 그러나 현재 수천의 사람들은 믿음으로 성령을 받는 시늉을 하면서 성령을 받았다고 믿는다. 하지만 그들이 여전히 연약한 상태에 있는 것을 볼 때에 우리는 그들이 성령의 능력을 사실상 알지 못한다고 말할 수밖에 없다.

내가 보기에 문제는 믿음에 대한 우리의 개념에 있다. 바울이 말하는 믿음은 그리스도의 계명에 복종하는, 살아서 활활 타오르는 그 무엇이었다. 그러나 오늘날 우리가 말하는 믿음은 때때로 교리에 맥없이 동의하는 것을 의미한다. 지금 많은 사람들이 자기들에게 능력이 필요하다고 확신하면서도 능력을 받기 위해 옛 생활을 죽이는 고통스러운 과정을 거치기를 원하지 않는다. 바로 이런 사람들에게 곤경에서 빠져나갈 구멍을 제공하는 것이 바로 "믿음으로 받으라"라는 교리이다. 그들은 이 교리에 안주하며 안도의 한숨을 내쉰다. 이 교리는 그들의 신앙을 구해준다. 이 교리 덕분에 그들은 참이스라엘과 함께 앞으로 나아가게 된다. 그러나 교회가 어려움에 처할 때 그들은 말썽을 일으키고 교회의 진보를 느리게 만든다. 나중에라도 그들이 자기들의 잘못을 깨닫고 고난의 길을 가겠다고 결심하면 그나마 다행이다. 만일 그렇지 않을 경우, 그들은 남들이 모르는 실망감을 안고 평생 살아야 하는 운명으로 전락하고 말 것이다.

> 참믿음이란 자신의 심령의 가난함을 깊이 깨닫고 영적 굶주림을 채우려는 열망에 불타는 가운데 하나님을 향하여 크게 울부짖는 것이다.

성령의 능력을 받는 사람들은 누구나 그것을 자각(自覺)한다. 성령님은 언제나 우리의 내적 의식(意識) 가운데 자신을 드러내신다. 하나님은 소박한 믿음에 응답하여 우리에게 하나님의 영을 부어주신다. 참믿음이란 자신의 심령의 가난함을 깊이 깨닫고 영적 굶주림을 채우려는 열망에 불타는 가운데 하나님을 향하여 크게 울부짖는 것이다.

8장

냉랭함을 청산하고 불타는 능력의 사람이 되라

오순절 사건에서는 하나님의 영이 하나님의 백성들 위에 불로서 임하셔서 그들의 영혼 안으로 들어오셨다.
이것은 하나님이 구속받은 사람들에게 자신을 주신 것이다.
이 불은 새 연합의 인침이었다. 이제 그들은 '불의 사람들'이 되었다.

하나님을 완전히 아는 것은 불가능하다

"불의 혀같이 갈라지는 것이 저희에게 보여 각 사람 위에 임하여 있더니"(행 2:3).

기독교 신학의 관점에서 하나님은 본질적으로 '말로 표현할 수 없는 불가사의한 분'이시다. 우리가 그분을 이해하거나 그분의 본질을 파헤치는 것은 불가능하다. 또 그분이 어떤 분인지 우리에게 전달될 수 없다. 그것은 그분에게 어떤 한계가 있기 때문이 아니라 피조물인 우리의 한계 때문이다.

"여호와의 사자가 그에게 이르시되 어찌하여 이를 묻느냐 내 이름은 기묘니라"(삿 13:18).

엄밀한 의미에서 하나님을 '아는' 존재는 하나님 자신뿐이시다.

"이와 같이 하나님의 사정도 하나님의 영 외에는 아무도 알지 못하느니라"(고전 2:11).

비록 혼란스러울 정도는 아니지만 이런 말들이 보통의 그리스도인들에게는 이상하게 들리리라. 왜냐하면 그들은 신학적으로 사고(思考)하는 데 전혀 익숙하지 않기 때문이다. 여기에 하나님의 영광스런 신비를 맛보기 원하는 사람이 있다고 가정해보자. 만일 그가 교회를 통해 하나님의 신비를 맛보기 원한다면, 나는 그에게 경고해주고 싶다. 평생을 기다려도 그것을 맛볼 수 없을지도 모른다고. 교회는 그림자를 가지고 장난하느라고, 이런저런 프로그램이나 첨단장비들을 실험해보느라고 너무 바빠서 하나님을 생각하는 데 거의 시간을 내지 못한다. 기왕 이야기가 나왔으니 하나님의 헤아릴 수 없는 신비에 대해 지금 좀 더 생각해보려고 한다.

하나님은 자신의 본질상 말 그대로 유일무이한 분이시다. 그분은 우리가 이제껏 경험해본 그 무엇과도 완전히 다른 분이시기 때문에 우리는 그분을 이해할 수 없다. 그분을 이해하려고 할 때 우리는 어디서부터 시작해야 좋을지 모른다. 하나님이 어떤 분인지 묘사하겠다고 나선 사람들이 있었지만, 그분에 대한 그들의 개념은 지극히 불완전하고 모호했다. 그분이 조금이라도 알려졌다면 그것은 피조물인 우리의 이성(理性)을 통해서가 아니다.

노바티안의 통찰

3세기 중엽에 쓰인 삼위일체에 대한 유명한 글에서 노바티안(Novatian, AD 200~258, 로마의 신학자)은 이렇게 말했다.

하나님의 속성과 본질에 대해 묵상한다 해도 그분에 관한 적절한 개념을 얻지는 못한다. 인간이 구사하는 온갖 화려한 수사(修辭)로도 하나님의 위대하심을 드러내기에는 턱없이 부족하다. 하나님의 위엄을 묵상하고 표현하려 할 때 우리의 모든 정신적 노력은 무위로 돌아가고 우리의 말재주 또한 침묵 가운데 빠져든다. 왜냐하면 하나님은 우리의 영혼보다 무한히 크신 분이시기 때문이다. 우리가 하나님의 크심을 전부 이해할 수 있다고 가정해보자. 만일 그렇다면 하나님은 하나님에 관한 개념을 형성할 수 있는 우리의 마음보다도 작은 분이 되고 만다. 이것은 있을 수 없는 일이다. 하나님은 모든 언어보다 크신 분이기 때문에 어떤 말로도 하나님을 표현할 수 없다. 인간의 언어가 하나님을 표현했다고 가정해보자. 만일 그렇다면 하나님은 하나님의 모든 것을 담아낼 수 있는 인간의 언어보다도 작은 분이 되고 만다. 물론 우리는 어느 정도까지는 언어 없이도 하나님을 경험할 수 있다. 그러나 어떤 인간도 하나님의 본질을 말로 모두 표현할 수는 없다. 누군가 하나님을 '빛'으로 표현했다고 해보자. 그러나 이것은 하나님의 피조물의 일부에 대한 설명이지 하나님 자신에 대한 설명이 아니다. 이것은 하나님이 어떤 분인지 표현한 것이 아니다. 누군가 하나님을 '능력'으로 표현했다고 해보자. 이 역시 '능력'이라는 하나님의 속성을 말로 표현한 것이지, 하나님의 본질을 말한 것은 아니다. 누군가 하나님을 '위엄'으로 표현했다고 해보자. 이것도 하나님의 영광스러움을 말한 것이지 하나님 자신을 말한 것은 아니다. … 요약해서 말하자면, 하나님에 대하여 뭐라고 말하든지 간에 하나님은 '하나님 자신'을 표현한 것이 아니라 '하나님에게 속한 그 무엇'을 표현한 것이다. 우리는 우리의 모든 사고(思考)를 초월하는 하나님을 개념적으로 포착할 수 없다. 우리는 우리의 모든 언어를 초월하는 하나님을 우리의 말로 표현할 수 없다. 따라서 우리는 "하나님은 우리의 이해력과 사고력을 초월하는 속성을 가진 크신 분이시다"라고 말할 수밖에 없다.

'불' 비유와 상징

하나님께서는 '자신이 어떤 분인지'(what He is) 우리에게 말씀해주실 수 없기 때문에 종종 '자신이 무엇과 같은지'(what He is like)를 말씀해주신다. 하나님은 이 '무엇과 같은지' 라는 비유를 사용하여 우리의 유한한 이해력을 "아무도 가까이 가지 못할 빛"(딤전 6:16)에 거하시는 하나님 자신에게로 최대한 가까이 이끄신다. 이런 비유를 통해서 하나님을 완전히 이해할 수 있는 것은 아니다. 하지만 그렇더라도 비유의 도움을 받지 않을 수는 없다. 비유를 통해 우리의 이해력이 어느 정도 향상된 상태에서 성령님이 역사하신다면 우리는 하나님을 알 수 있다.

하나님은 이해할 수 없는 자신의 본질에 대하여 힌트를 주기 위해 많은 비유를 사용하셨다. 성경에 근거하여 판단해보건대, 하나님이 즐겨 사용하시는 비유는 '불'의 비유이다. 성경은 "우리 하나님은 소멸하는 불이심이니라"(히 12:29)라고 분명히 가르친다. 이것은 성경 전체에 기록된 하나님의 자기계시와 일치한다. 불로서 나타나신 하나님은 불타는 떨기나무로부터 모세에게 말씀하셨다. 하나님은 이스라엘이 광야를 지나는 동안 그들의 진 위에 불기둥으로 줄곧 머물러 계셨다. 불로서 하나님은 지성소의 그룹들의 날개들 사이에 거하셨다. 에스겔에게 하나님은 자신을 "번쩍번쩍하는 불"(겔 1:4)의 기이한 밝음으로 계시하셨다.

"내가 본즉 그 허리 이상의 모양은 단 쇠 같아서 그 속과 주위가 불같고 그 허리 이하의 모양도 불같아서 사면으로 광채가 나며 그 사면 광채의 모양은 비 오는 날 구름에 있는 무지개 같으니 이는 여호와의 영광의 형상의 모양이라 내가 보고 곧 엎드리어 그 말씀하시는 자의 음성을 들으니라"(겔 1:27,28).

오순절에 성령님은 불로서 임하셨다

"불의 혀같이 갈라지는 것이 저희에게 보여 각 사람 위에 임하여 있더니"(행 2:3).

마가의 다락방에서 제자의 무리에게 임하신 분은 바로 하나님 자신이셨다. 그들의 유한한 눈에 하나님이 불로서 나타나신 것이다. 구약을 이미 배워서 알고 있던 그들은 자기들의 눈에 보인 불이 무엇을 의미하는지 즉시 깨달았을 것이다. 이스라엘의 긴 역사(歷史) 속에서 불로 나타나셨던 분이 이제 그들 가운데 불로서 거하시게 된 것이다! 하나님은 그들의 외부로부터 찾아오셔서 그들의 삶의 중심으로 들어오셨다. 구약 시대에는 시은좌(施恩座) 위에서 빛을 발하였다. 그런데 이 오순절 사건에서는 하나님의 영이 하나님의 백성들 위에 불로서 임하셔서 그들의 영혼 안으로 들어오셨다. 이것은 하나님이 구속(救贖) 받은 사람들에게 자신을 주신 것이다. 이 불은 새 연합의 인침이었다. 이제 그들은 '불의 사람들'이 되었다.

"그리스도의 보혈로 이룬 속죄를 통하여 죄인들이 이제는 하나님과 하나가 될 수 있다"는 것이 신약의 핵심적 메시지이다. 하나님이 사람들 안에 거하신다! 이것이 기독교의 궁극적 완성이다. 심지어 내세의 더 큰 영광조차도 우리의 영혼과 하나님의 연합을 좀 더 충만하고 좀 더 완전하게 체험하는 것에 지나지 않는다.

하나님이 사람들 안에 거하신다! 이것이 기독교이다. 이것을 '살아 있는 실재(實在)'로 체험하지 못한 사람은 기독교 신앙의 능력을 제대로 맛보지 못한 것이다. 아직까지 이것을 체험하지 못했다면 다른 모든 것들은 이를 위한 예비 단계라고 말할 수 있다. 그리스도의 성육신(成肉身), 속죄, 칭의, 중생, 이 모든 것들은 하나님이 구속받은 인간의 영혼 안으로 들어오셔서 내주하시기 위한 예비 단계이다. 범죄하여 하나님의 마음 밖으로 나갔던 인간이 이제 구속을 통하여 그분의 마음 안으로 다시 들어오는 것이다. 죄로 인하여 인간의 마음 밖으로 나가셨던 하나님이 이제 다시 인간의 마음 안으로 들어오시는 것이다. 인간의 마음 안에 오신 하나님은 원수들을 쫓아내고 자신의 거처를 다시 영광스럽게 만드신다.

오순절에 임한 가시적(可視的)인 불은 교회에 깊고 중대한 의미를 지닌다. 왜냐하면 그 불이 사람들에게 임했다는 것은 그들이 특별한 사람들이라는 것을 만세(萬世)에 선언하는 것이었기 때문이다. 에스겔이 환상 중에 그발 강가에서 보았던 자들이 '불에서 나온 피조물들'이었던 것처럼(겔 1:13 참조), 그들도 '불에서 나온 피조물들'이었다. 불은 신성(神性)의 상징이었다. 따라서 그 불을 받은 사람들은 특별한 백성, 즉 '불'의 아들들과 딸들이었다.

원수가 교회에 입힌 가장 파괴적인 손실 중 하나는 성령님을 무서운 존재로 오해하도록 만들었다는 것이다. 오늘날 그리스도인들과 교제해본 경험이 있는 사람이라면 누구나 그들에게 이런 두려움이 있다는 것을 부인하지 못할 것이다. 거룩하신 '위로자'(慰勞者), 즉 성령님께 마음의 문을 활짝 여는 사람들은 극히 드물다. 그분에 대한 오해가 너무 만연하여서 어떤 교파들에 속한 사람들은 성령님이라는 이름만 들어도 반감을 보인다.

성령님에 대한 근거 없는 두려움이 왜 퍼지게 되었는지 밝히는 것은 어렵지 않다. 그러나 여기서는 다만 성령님과 그분의 임재의 상징인 불에 대하여 몇 가지 더 살펴보려고 한다. 그러면 근거 없는 두려움을 극복하는 데 도움이 될 것이다.

성령님은 '도덕적 불'이시다

무엇보다 성령님은 '도덕적 불'이시다. 그분이 '성령'(聖靈), 즉 '거룩한 영'(the Holy Spirit)이라고 불리는 것은 우연이 아니다. '거룩한'이라는 말에 다른 어떤 의미가 있다고 해도, 분명한 것은 이 말에 '도덕적 순수성'이 담겨 있다는 것이다. 하나님이신 성령님은 절대적으로, 무한히 순수하셔야 한다. 인간들과 달리 그분에게는 거룩함의 단계 내지 정도(程度)가 없으시다. 그분은 거룩함 자체이시요, 말로 표현할 수 없을 정도로 순수한 모든 것의 총합(總合)이자 정수(精髓)이시다.

우리 주변을 살펴보자. 우리 가운데는 도덕적 의식이 희박한 그리스도인들이 있다. 또한 생활 속에서 죄인지 아닌지 분별하여 행동에 주의해야 할 경우에도 자기 편한 대로 막 사는 그리스도인들이 있다. 이런 사람들이 성령으로 충만하겠다고 열을 올리는 것을 볼 때 어떤 생각이 드는가? 선악을 분별하는 훈련이 되어 있는 사람들이 이런 사람들을 볼 때 가슴 아파하는 것은 당연한 일일 것이다. 도덕적으로 살지 않으면서 성령 충만을 받겠다는 것은 모순이다. 성령님이 자기에게 오셔서 충만케 하시기를 원하는 사람은 누구나, 먼저 자기에게 어떤 은밀한 죄가 있는지 살펴야 한다. 성경에 계시된 하나님의 성품에 어긋나는 것이 자신에게 있다면 이를 모두 단호히 추방해야 한다.

> 기독교의 이상(理想)은 '행복해지는 것'이 아니라 '거룩해지는 것'이다. 성령님은 오직 거룩한 마음 안에만 거하신다.

참된 기독교적 체험의 뿌리에는 반드시 건전하고 건강한 도덕성이 있어야 한다. 자신의 생활과 행위 속에 죄를 숨겨두고 기쁘게 살아간다는 것은 결코 용납될 수 없다. 높은 경지의 종교적 체험을 했다고 해서 그것이 불의(不義)를 합리화시켜주지는 못한다. 죄 가운데 살면서 강렬한 감정적 충족을 추구하는 것은 자기를 속이는 것이요, 하나님의 심판을 자초하는 것이다. "너희는 거룩하라"라는 말씀은 액자에 넣어 벽에 걸어놓기 위한 좌우명이 아니다. 이 말씀은 온 땅의 주인이 되시는 분의 준엄한 명령이다.

"하나님을 가까이하라 그리하면 너희를 가까이하시리라 죄인들아 손을 깨끗이 하라 두 마음을 품은 자들아 마음을 성결케 하라 슬퍼하며 애통하며 울지어다 너희 웃음을 애통으로, 너희 즐거움을 근심으로 바꿀지어다"(약 4:8,9).

기독교의 이상(理想)은 '행복해지는 것'이 아니라 '거룩해지는 것'이다. 성령님은 오직 거룩한 마음 안에만 거하신다.

성령님은 '영적 불'이시다

성령님은 또한 '영적 불'이시다. 우리의 예배를 진정한 영적 차원으로 끌어올릴 수 있는 분은 오직 성령님이시다. 아무리 높은 수준의 도덕성에 이르렀다 해도 그것이 기독교의 전부는 아니다. 그리스도를 믿는 신앙은 우리의 영혼이 하나님과 교제를 나눌 수 있을 정도까지 우리의 영혼을 끌어올린다. 그리하여 신앙을 통한 우리의 종교적 체험은 단지 선(善)의 차원에 머무르지 않으며 초자연적인 차원으로 올라간다. 초자연적인 차원과 선의 차원은 말 그대로 천양지차이다. 사도행전에서 초자연적 차원이 아주 강하게 느껴지는 것은 오순절에 성령님이 오셨기 때문이다. 사도행전에서 발견되는 초자연성(超自然性)은 복음서에서 발견되는 초자연성보다 한층 더 강력하다.

음악에 비유하여 말하자면 사도행전에서 느껴지는 곡조는 장조(長調, major)이다. 사도행전에서는 피조물의 비애(悲哀) 같은 것이 느껴지지 않는다. 사도행전에는 실망과 불확실성의 분위기가 감돌지 않는다. 사도행전에는 천상(天上)의 분위기가 넘친다. 거기에서 발견되는 승리의 분위기는 단순한 종교적 신념만으로는 도저히 얻을 수 없는 것이다.

사도행전에 등장하는 최초의 그리스도인들이 소유한 기쁨은 현상을 관찰하고 분석하여 얻은 기쁨이 아니다. 그들은 "그리스도께서 죽은 자들 중에서 부활하셨다. 그러므로 우리는 기뻐해야 한다"라고 추론한 후에 기뻐한 것이 아니었다. 주님의 부활이 기적이었듯이 그들의 기쁨도 기적이었다. 주님의 부활과 그리스도인들의 기쁨은 서로 떼려야 뗄 수 없는 관계에 놓여 있다. 창조주 하나님의 도덕적 즐거움이 구속(救贖)받은 피조물들의 마음속에 자리 잡았기 때문에 그들은 기뻐하지 않을 수 없었던 것이다.

> 경건치 못한 사람이 지닌 뛰어난 지성은 세상을 피로 물들일 수가 있다. 구속받지 못한 천재의 사상은 이 땅에 저주의 씨앗을 뿌릴 수도 있다.

성령님은 '지적(知的) 불'이시다

성령님은 또한 '지적 불'이시다. 신학자들은 이성(理性)이 하나님의 속성 중 하나라고 말한다. '성령을 깊이 체험하는 것'과 '인간 지성(知性)의 최고 수준에 이르는 것' 사이에는 아무 모순도 없다. 기독교인의 지성은 온전히 하나님께 굴복해야 한다. 인간 지성이 그분께 굴복하기만 한다면, 그것은 얼마든지 계발되어도 괜찮다. 은혜를 받지 못한 지성은 차갑게 죽어 있다. 경건치 못한 사람이 지닌 뛰어난 지성은 세상을 피로 물들일 수가 있다. 구속(救贖)받지 못한 천재의 사상은 이 땅에 저주의 씨앗을 뿌릴 수도 있다. 그럴 경우 그가 죽고 수 세기가 지나도 그것은 인류에게 재앙이 된다. 그러나 성령 충만한 사람의 지성은 하나님께 기쁨이요, 모든 선한 사람들에게 즐거움이다. 다윗과 같은 사람, 사도 요한과 같은 사람 그리고 아이작 왓츠(Isaac Watts, 1674~1748. 영국의 비국교회파 목사이자 찬송시 작가) 같은 사람들이 나타나서 사랑을 베풀지 않았다면 세상이 어떻게 변했을지 상상해보라.

최상급 표현을 사용해가며 마구 칭찬하는 일을 주저하게 되는 것이 우리의 본능이다. 또 어떤 한 가지 덕목(德目)을 치켜세우느라 다른 덕목을 깎아내리는 것도 그다지 듣기 좋은 것은 아니다. 하지만 그런데도 내가 최상급의 표현을 사용하여 칭찬하고 싶은 것이 있다. 나는 하나님의 사랑으로 불타는 천재성이야말로 세상에서 가장 아름다운 것이 아닐까 하고 생각한다. 하나님의 사랑으로 충만한 천재는 온화한 치료의 광선을 발하기 때문에 거기로 가까이 나오는 사람들을 변화시킨다. 이 광선에 조금이라도 노출된다면 그 사람은 영적으로나 지적으로 반드시 큰 유익을 얻게 될 것이다.

클루니의 버나드(Bernard of Cluny, 12세기의 찬송시 작가)가 쓴 '예루살렘 금성아'라는 찬송시(찬송가 538장)를 읽어보라. 그러면 지금 내가 무슨 말을 하는지 쉽게 이해할 수 있을 것이다.

> 예루살렘 금성아 복 가득하도다
>
> 내 너를 생각할 때 마음이 기쁘다
>
> 비할 데 없는 복과 그 빛난 광채와
>
> 나 받을 모든 기쁨 다 측량 못하리.

　이 찬송시를 읽노라면, 당신은 내주(內住)하시는 성령님의 불로 따뜻해진 섬세하고 빛나는 지성이 불멸을 향한 동경을 깊이 느끼고 노래하고 있음을 느낄 수 있을 것이다. 불멸을 향한 동경은 흙에서 나와 흙으로 돌아갈 수밖에 없는 인간이 처음 이 땅에 발을 디딘 이래 인류의 가슴 속 깊은 곳에서 계속 살아 숨쉬지 않았는가! 우리는 클루니의 버나드의 찬송시에서 세련되게 정리된 개념, 죽음을 이긴 기독교의 완전한 승리의 노래 그리고 영혼에게 안식을 주고 기쁨으로 예배드릴 수 있게 해주는 힘을 발견한다.

　그러나 성령의 감동 없이 쓰인 글이나 시(詩)에서는 이런 것들이 발견되지 않는다. 고통과 슬픔에 찬 영혼들은 버나드의 찬송시를 읽고 큰 위로를 받았을 것이다. 그들이 유사 이래 전해진 모든 시인과 철학자의 글을 전부 읽었다고 해도 그만큼의 위로를 받지는 못했을 것이다.

　구속받지 못한 천재는 아무리 뛰어나더라도 클루니의 버나

> 신약 시대 바리새인들의 본질적 문제는 사랑이 없는 교리였다. 그리스도는 그들의 교리를 크게 문제 삼지 않으셨지만, 그들의 마음 상태에 대해서는 끝까지 공격하셨다.

드처럼 감동적인 시를 쓰지 못할 것이다. 그의 찬송시를 다 읽은 사람은 "아, 나는 그룹들(cherubim)의 목소리를 들었다! 이것이야말로 하나님의 바닷가에서 연주되는 하프 소리가 아니겠는가!"라고 소리칠 것이다.

거의 영감(靈感)이라고 할 정도의 이런 감정은 사무엘 러더포드(Samuel Rutherford, 1600~1661. 스코틀랜드 장로교의 신학자)의 편지, 테 데움(Te Deum) 성가 그리고 아이작 왓츠와 찰스 웨슬리의 찬송가에서도 느껴진다. 또 이런 감정은 이들보다 조금은 덜 알려진 성도들의 작품에서도 느낄 수 있다. 그들은 재능이 부족하더라도 내주하시는 성령님의 불로 인해 어느 순간 뜨겁게 타올라 기쁨으로 충만한 가운데 아름다운 작품을 남겼다.

신약 시대 바리새인들의 본질적 문제는 사랑이 없는 교리였다. 그리스도는 그들의 교리를 크게 문제 삼지 않으셨지만, 그들의 마음 상태에 대해서는 끝까지 공격하셨다. 그리스도를 십자가에 못 박은 것은 바로 그들의 종교, 즉 내주하시는 성령님이 없는 종교였다. 오늘날 같으면 가장 보수적인 신자들이 그리스도를 십자가에 못 박았을 것이다. 정통교리를 자랑하는 우리가 이런 말을 듣는다고 절망하지는 않는다. 그렇지만 분명히 마음의 동요를 느낄 것이다. 문자적(文字的) 진리만을 붙드는 구속받지 못한 영혼은 우상 앞에서 무릎 꿇는 이교도보다 더 절망적인 상태에 있다. 성령님이 하나님의 사랑을 우리의 마음 구석구석에 부어주실 때에야 우리는 비로소 안전하다.

오순절에 임하셨던 사랑의 불이 우리의 지성 안에 거하실 때 우리는 비로소 안전하다. 성령님은 사치품 같은 분이 아니시다. 그분은 역사 속에 가끔 나타나셔서 한 세대에 한 명 정도만 '걸출한 그리스도인'을 만들어내시는 분이 아니시다. 그분은 모든 하나님의 자녀들에게 필수품과 같은 분이시다. 그분이 그들 안에 내주하시며 충만케 하신다는 것은 이루어져도 좋고 안 이루어져도 그만인 '희망 사항'이 아니다. 그분의 내주와 충만은 우리에게 없어서는 안 될 필수 사항이요, 하나님의 명령이다.

성령님은 '의지(意志)의 불'이시다

성령님은 또한 '의지의 불'이시다. 다른 모든 비유와 마찬가지로 이 비유 역시 완전하지는 않다. 따라서 조심하지 않으면 우리는 이 비유를 통해 잘못된 개념을 받아들이게 된다. 우리가 생활 속에서 보는 불은 '인격체'가 아니라 '물질'이기 때문에 의지를 갖지 않는다. 그러나 성령님은 인격체이시기 때문에 인격체가 가질 수 있는 속성들을 가지시는데, 의지가 그 속성들 중 하나이다. 그분이 사람의 영혼 안으로 들어오실 때 그분은 자신의 어떤 속성도 버리지 않으신다. 또한 자신의 속성들의 일부 또는 전부를 사람에게 넘겨주시지도 않는다.

성령님이 주님이시라는 사실을 기억하라. 바울은 "주는 영이시다"(고후 3:17)라고 말했다. 니케아 신경은 "나는 주님이시요, 생명을 주시는 분인 성령님을 믿는다"라고 고백하며, 아타나시우스 신경은 "성부(聖父)는 주님이시요, 성자(聖子)도 주님이시요, 성령(聖靈)도 주님이시다. 그런데도 세 분의 주님이 아니라 한 주님이시다"라고 선언한다. 이것이 논리적으로 설명이 되고 안 되고 간에 우리는 이것을 받아들여서 하나님과 성령님에 대한 우리의 믿음의 일부로 만들어야 한다. 주권적 주님이 그분의 신적(神的) 권한들을 포기하지 않으시리라는 것은 자명하다. 어디에 계시든 간에 그분은 자신의 본질에 따라 행동하실 수밖에 없다. 그러므로 그분이 인간의 영혼으로 들어오신다 해도 그분은 이제까지 주님이셨듯이 인간의 영혼 안에서도 역시 주님이시다.

인간 마음속 깊은 질병은 하나님에게서 분리되어 떨어져 나온 의지(意志)에 기인한다. 태양을 중심으로 공전하던 행성이

태양에서 떨어져 나오면 슬그머니 외계(外界)에서 찾아온 낯선 별의 인력(引力)에 끌려 그 별을 중심으로 다시 공전을 시작하게 된다. 사탄은 "내 뜻대로 살겠다"라고 선언하고 하나님에게서 떨어져 나왔다. 그런 그가 인류에게 감염시킨 질병은 불순종과 반역이다. 하나님을 향한 인류의 반역의 문제를 해결하지 못하는 구속(救贖)은 제대로 된 구속이 아니다. 인간의 의지를 하나님의 의지에 복종시키는 구속이야말로 제대로 된 구속이다.

인간의 의지가 주님의 의지에 복종하려면 적절한 치료가 요구된다. 인간의 의지를 치료하시기 위해 성령님이 은혜 가운데 신자의 마음에 들어오셔서 그의 의지를 변화시키셔야 한다. 이렇게 변화된 의지는 하나님의 의지에 기쁜 마음으로 자발적으로 순종하게 된다. 의지의 치료는 성령님에 의해 인간의 내부로부터 일어나야 한다. 외형적인 모양만의 순종으로는 치료가 이루어지지 않는다. 보안관에게 붙잡힌 무법자는 자신을 감옥으로 끌고 가는 보안관에게 복종하는 것처럼 보이지만 마음속으로는 이를 부득부득 간다. 이것은 진정한 순종이 아니다. 이와 마찬가지로 인간의 의지도 거룩하게 되지 않으면 마음속으로는 여전히 하나님께 반역하는 것이다.

성령님은 인간의 의지를 어떻게 치료하시는가? 그분은 구속받은 사람의 의지가 그분 자신의 의지와 하나가 되도록 만드심으로써 그의 의지를 치료하신다. 그런데 이것이 단번에 이루어지지는 않는다. 은혜의 사역이 이루어지기 위해서는 인간의 의지가 근본적으로 그리스도를 향해야 한다.

하지만 성령 안에서 인간의 모든 부분이 하나님의 생명과 완전히 하나가 되려면 오랜 과정이 요구된다. 그러므로 우리는 조급한 마음을 버려야 한다. 지극히 높은 영적 수준에 오른 사람조차 때로는 자기에게서 발견되는 것들을 보고 충격과 분노를 느끼게 된다. 왜냐하면 자기 딴에는 하나님께 내어드렸다고 생각되는 부분에서 자신도 모르는 사이에 자기가 주인으로서 살아왔다는 것이 드러나기 때문이다. 이런 도덕적 모순들을 지적하고 고치는 것이 바로 내주하시는 성령님의 일이다.

그러나 성령님은 사람들이 흔히 말하는 것처럼 인간의 의지를 꺾어버리는 방법을 사용하시지는 않는다. 그분은 인간의 의지에 침투해 들어오셔서 그의 의지가 하나님의 의지에 기쁨으로 연합되도록 만드신다.

하나님의 의지를 따른다는 것은 단순히 '그분의 의지에 저항하지 않고 동의하는 것'이 아니라, '적극적으로 결심하여 그분의 뜻을 선택하는 것'이다. 하나님의 형상을 닮아가는 그리스도인은 자신이 그분의 뜻이라면 무엇이든지 받아들일 수 있을 정도로 성숙하게 되었다고 느끼며, 실제로 그분의 뜻을 지고선(至高善)으로 받아들이게 된다. 이렇게 된 사람은 인생의 최고 목적을 찾은 것이다. 이런 사람은 생활 속에서 직면하게 되는 자잘한 일들에 실망하지 않고 초연할 수 있다. 그는 자기에게 일어나는 모든 일들을 하나님의 뜻으로 받아들인다. 그가 가장 열렬히 원하는 것은 바로 하나님의 뜻이다(그런데 여기서 한 가지 지적해둘 것이 있다. 현재 우리 주변에서 볼 수 있는 소위 '바쁜 그리스도인들'은 결코 이런 경지에 이를 수 없다는 것이다). 이런 경지에 이르기 전까지 그리스도인은 온전한 평안을 맛볼 수 없다. 그때까지는 그의 마음에 불안과 갈등이 있게 되는데, 이것은 그의 기쁨을 망치고 그의 능력을 크게 감소시킨다.

성령님은 '감정의 불'이시다

성령님은 또한 '감정의 불'이시다. 이 점에 대해 본격적으로 논의하기 전에 우리는 앞서 언급한 하나님의 불가해성(不可解性)을 다시 한번 살펴볼 필요가 있다. 왜냐하면 하나님의 불가해성에 기초하여 그분의 감정을 이해해야 하기 때문이다. 우리의 머리로는 그분의 본질을 알 수 없고 우리의 입술로는 그분의 본질을 표현할 수 없는 것이 사실이다. 그렇지만 우리는 성경에서 우리의 지성(知性)으로 이해할 수 있는 그분의 이성적(理性的)인 특징을 많이 찾을 수 있다. 이것이 '그분이 어떤 분이신지'(what God is) 말해주지는 않지만 '그분이 무엇과 같은 지'(what God is like) 말해준다. 이런 여러 가지를 다 취합해 그분에 대한 이미지를 만들어본다면, 어둠 속에서 유리를 통해 멀리 있는 물체를 보는 것처럼 어렴풋하기는 해도, 우리는 조금이나마 그분을 알 수 있다.

그렇다면 이제 하나님의 감정에 대해 이야기해보자. 성경은 '감정과 같은 그 무엇'이 하나님 안에 있다고 가르친다. 그분은 우리의 사랑과 같은 그것, 우리의 슬픔과 같은 그것, 우리의 기쁨과 같은 그것을 체험하신다. 우리는 그분이 무엇과 같은 분이신지 생각하기를 두려워할 필요가 없다. 하나님의 창조를 믿는 사람은 "우리는 하나님의 형상으로 만들어졌다. 그렇다면 그분이 우리와 같은 특징들을 가지고 계신 것이 당연하다"라는 결론에 도달할 것이다. 그런데 이런 추론은 우리의 지성을 만족시키기는 하지만 우리 믿음의 근거가 되지는 못한다. 우리의 믿음의 근거는 하나님이 자신에 대해서 말씀하신 것들이다. 이것은 우리의 믿음의 근거로 충분하다. 성경 한 구절을 찾아보자.

"너의 하나님 여호와가 너의 가운데 계시니 그는 구원을 베푸실 전능자시라 그가 너로 인하여 기쁨을 이기지 못하여 하시며 너를 잠잠히 사랑하시며 너로 인하여 즐거이 부르며 기뻐하시리라 하리라"(습 3:17).

하나님이 무엇과 같은 분인지에 대하여 이성적(理性的) 이미지를 형성하는 데 도움을 주는 이런 성경구절은 수천 개도 넘는다. 이런 구절들은 하나님이 우리의 사랑과 기쁨 또는 슬픔과 같은 것을 느끼신다고 분명히 가르친다. 우리가 감정에 따라 행동하듯이 하나님도 감정에 따라 행동하신다. 하나님은 자신이 사랑하는 존재를 보면 노래를 부르며 기뻐하신다.

하나님의 감정! 이것은 우주에서 가장 고상하고 차원 높은 감정이다. 그분의 감정은 그분의 마음 깊은 곳에서 흘러나온다. 그러므로 감정은 일부 목회자들이 종종 묘사하듯이 '불신앙의 타락한 아들'이 아니다. 우리에게 '느낄 수 있는 능력'이 있다는 것은 우리가 하나님이 만드신 존재라는 것을 보여주는 표시이다. 우리는 눈물이나 웃음을 부끄러워해서는 안 된다. 자신의 감정을 무시하거나 없애면서 살아가는 기독교 극기주의자(克己主義者)는 '3분의 2 인간'이다. 왜냐하면 그는 자기의 중요한 3분의 1을 잃은 채 살아가기 때문이다.

거룩한 감정은 우리 주님의 삶에서 중요한 역할을 했다. 히브리서 12장 2절은 "예수를 바라보자 저는 그 앞에 있는 즐거

> 죄가 인류에게 가져다준 가장 큰 해악 가운데 하나는 우리의 정상적인 감정을 타락시켰다는 것이다. 우리는 웃기지도 않는 것을 보고 웃는다.

움을 위하여 십자가를 참으셨다"라고 말한다. 주님은 자신이 잃은 양을 찾으면 기뻐하고 즐거워할 것이라고 말씀하셨다(눅 15:6 참조). 그분은 겟세마네 동산에서 기도의 사투(死鬪)를 벌이기 위해 감람산으로 가기 전에 찬송을 부르셨다. 부활 후에 그분은 회중에서 그분의 형제들과 함께 찬송을 부르셨다(시 22:22 참조). 대부분의 그리스도인들이 믿는 바와 같이 아가서의 주인공이 그리스도시라면, 그분은 밤이 지나고 어두움이 물러간 후에 신부(新婦)를 집으로 데려와서 크게 기뻐하셨다고 해석된다.

죄가 인류에게 가져다준 가장 큰 해악 가운데 하나는 우리의 정상적인 감정을 타락시켰다는 것이다. 우리는 웃기지도 않는 것을 보고 웃고, 인간의 존엄성을 훼손시키는 것들을 즐기며, 사랑해서는 안 될 것들에 애착을 느낀다. 그러나 진정한 성도들은 언제나 '죄악의 쾌락'에 반대했다. 그 이유는 무엇인가? 그것은 그것들이 인간의 감정을 타락시키는 것이기 때문이다. 예를 들어보자. 하나님의 형상으로 창조된 인간이 도박에 열광하는 것은 하나님이 주신 본래의 고상한 능력을 변태적으로 사용하는 것이다. 술로 기쁨을 얻는 것은 매춘(賣春)에 비유될 수 있다. 인간들이 이 세상에 만들어놓은 수많은 쾌락들은 무엇을 의미하는가? 대부분 그것은 우리가 인생의 진정한 즐거움을 느낄 줄 아는 능력을 상실했으며 잘못된 저질 스릴(thrill)을 찾아 헤매고 있다는 증거이다.

성령님의 여러 가지 일들 중 하나는 구속(救贖)받은 사람들의 감정을 본래의 상태로 회복시키고, 그들의 하프(harp)의 줄(string)을 갈아 끼워서 죄 때문에 막혀버린 거룩한 기쁨의 샘을 다시 터뜨리는 것이다. 성도들은 성령님이 이런 일을 하신다는 것을 다같이 증거한다. 이것은 창조 사역에 나타난 하나님의 큰 뜻과 결코 모순되지 않는다. 순수한 기쁨은 삶의 중요한 일부이다. 기쁨과 즐거움 없이 단지 생존하기만 한다면 인간의 삶은 전혀 무의미할 것이다!

성령님은 우리 영혼의 창가에 '바람이 불면 울리는 하프'(wind harp)를 걸어놓으실 것이다. 천국의 바람이 불어와 울리는 이 하프 소리는 겸손히 사역을 감당하는 우리에게 큰 힘과 위로를 줄 것이다. 그리스도의 영적 사랑은 우리의 마음속에 언제나 음악이 가득하게 할 것이다. 우리는 이 사랑에 힘입어 슬픔 중에도 기쁨을 잃지 않을 것이다.

9장

최종적으로 성령에 관해 꼭 알아야 할 사실
성령은 요술방망이가 아니라 하나님이시다

성령님은 우리와는 다른 존재방식으로 존재하시는 하나님이시다.
그분은 물질로서가 아닌 영으로서 존재하신다.
왜냐하면 그분은 물질이 아니라 하나님이시기 때문이다. 그분은 인격체이시다.

영은 물질이 아니다

영어의 '성령'에 해당하는 단어 'Holy Spirit'에서 '영'에 해당하는 '스피릿'(spirit)의 의미를 먼저 규정해두려고 한다.

나는 '스피릿'(spirit)을 '영'(靈)이라는 뜻으로 사용한다. 영(靈)은 실체(實體)를 갖는 개체적(個體的) 존재이다. 영을 정확히 정의(定義)할 수는 없다 해도 적어도 그것이 어떤 것인지 묘사할 수는 있다. 물질이 실제로 존재하듯이 영도 실제로 존재하지만 영의 존재방식은 물질의 존재방식과 다르다.

인간이 물질로부터 완전히 벗어나 살 수는 없다. 우리는 살과 뼈를 가진 부모에게서 태어나 눈에 보이는 물질 세계 안에 존재하게 된다. 우리는 손으로 만질 수 있는 옷을 입고 우유를 마시고 침대에 누워 잠을 잔다. 우리는 물질세계 안에서 걷고 말하고 살고 성장한다. 물고기가 물을 떠나서 살 수 없듯이 우리는 물질을 떠나서 살 수 없다. 심지어 영에 대해 말할 때에도 물질적 존재인 언어를 사용하여 말하지 않을 수 없는 것이다. 하나님은 흙으로 인간을 지으셨다. 그후로 줄곧 우리는 흙이다. 우리는 흙으로 된 몸을 벗어버릴 수 없다.

물질은 하나의 존재방식이고, 영은 또 하나의 존재방식이다. 물론 영도 물질처럼 완전히 실재(實在)한다.

물질적 존재에게는 그 특유의 성격이 있다. 예를 들면, 물질은 중량(重量)을 갖는다. 물질은 다소간 중량을 갖기 때문에 중력(重力)의 법칙에도 영향을 받는다. 또한 물질은 차원을 갖기 때문에 수량적으로 측정이 가능하다. 분자와 원자뿐만 아니라 하늘에서 빛나는 별들에 이르기까지 모든 물질은 형태를 갖는다. 그러므로 그것은 공간을 점유하며, 공간 속에서 연장이 가능하다. 정리해서 말하자면, 물질은 중량, 차원, 형태 및 연장성(延長性)을 가진다. 이것이 바로 물질의 존재방식이다.

영(靈)의 능력 중 하나는 사태를 꿰뚫어볼 수 있는 능력이다. 어떤 영이든 영은 이 능력을 소유하고 있다(나는 지금 '성령'에 대해 말하지 않고 단지 '영'에 대해 말하고 있다). 물질은 이동하다가 다른 물질에 부딪혀서 이동이 중지될 수 있다. 물질은 대상을 꿰뚫고 지나갈 수 없다. 그러나 영은 다르다. 예를 들어 보자. 우리의 몸은 물질로 이루어져 있지만, 우리의 영은 몸을 꿰뚫어볼 수 있다. 또한 영은 영을 꿰뚫어볼 수 있다. 영은 인격을 꿰뚫어볼 수 있다. 영이 인격을 꿰뚫어볼 수 있다는 것을 명심하라! 우리의 인격은 꿰뚫어볼 수 없는 대상이 아니라 꿰뚫어볼 수 있는 대상이라는 사실을 잊지 마라! 빛이 공기를 꿰뚫고 지나가듯이, 생각은 마음을 꿰뚫어볼 수 있다. 영은 물질적 존재, 정신적 존재, 그리고 영적 존재를 꿰뚫어볼 수 있다.

성령님은 인격체이시다

그렇다면 '거룩한 영', 즉 성령님은 어떤 존재이신가? 지금 나는 그분이 '누구이신가?'라고 묻지 않고 '어떤 존재이신가?'라고 물었다. 이 질문에 나는 "그분은 물질의 존재방식과는 다른 존재방식으로 거하는 분이시다"라고 답하겠다. 그분에게는 중량, 크기, 색깔, 연장성 등이 없다. 그런데도 그분은 우리가 존재하는 것만큼이나 확실하게 존재하신다.

우리는 '열심'을 성령님으로 착각해서는 안 된다. 흔히 열심은 흥분과 밀접한 관계가 있다. 그러나 흥분의 도가니 속에서 법석을 떠는 그곳에 성령님이 계실 거라고 착각하지 마라. 나의 경험에 따르면, 우리가 '열심'이라고 칭하는 것이 그다지 많지 않은 곳에서도 그분이 임재하셨다.

> 우리는 '열심'을 성령님으로 착각해서는 안 된다. 흔히 열심은 흥분과 밀접한 관계가 있다. 그러나 흥분의 도가니 속에서 법석을 떠는 그곳에 성령님이 계실 거라고 착각하지 마라.

또한 우리는 '천재성'을 성령님으로 착각해서도 안 된다. 우리는 "이것이 베토벤의 정신(spirit)이다", "그 연주가는 '아주 힘차게'(with great spirit) 연주했다", "그가 '선생의 의도'(the spirit of the master)를 제대로 해석했다"라고 말하곤 한다. 그러나 이때 말하는 '스피릿'(spirit)은 성령님과 무관하다. 그렇다면 성령님은 '어떤 분'이신가?

우선 그분은 인격체이시다. 우리는 이 점을 특별히 명심해야 한다. 그분은 '다른 존재방식으로 존재하시는 분'일 뿐만 아니라 인격체이시다. 따라서 그분은 인격체가 가질 수 있는 모든 성품과 능력을 소유하고 계시다. 그분은 물질이 아니라 인격체이시다. 사람들은 종종 그분이 '교회에 불어와 유익을 주는 바람'이라고 생각한다. 그러나 그분을 '바람' 내지 '호흡'으로 생각한다면 그분을 인격체로 믿을 수 없게 된다. 그분에게는 의지, 지성, 감성, 지식 그리고 동정심이 있다. 우리와 똑같이 그분은 보고 듣고 말하고 생각하고 사랑하신다.

내가 이렇게 말하면 어떤 사람은 "나는 당신이 말하는 것을 전부 믿습니다. 우리가 이미 다 알고 있는 이야기가 아닙니까?"라고 말할지도 모르겠다. 그렇다. 우리가 다 알고 있는 이야기이다. 나는 새로운 사실을 말하려고 하지 않는다. 식사에 비유하자면, 나는 지금 당신이 좀 더 식욕을 느낄 수 있도록 식탁을 꾸미느라 접시를 예쁘게 진열하고 있을 뿐이다.

우리 가운데 많은 사람들은 성령님을 인격체로, 아니 신적(神的) 인격체로 믿는 신학을 받아들이면서 이제껏 신앙생활을 해왔다. 그렇다면 우리에게 어떤 변화가 일어났는가? 과거나 지금이나 우리는 텅 비어 있다. 이전과 마찬가지로 우리에게는 기쁨이 없다. 여전히 평안이 없다. 여전히 연약하다. 내가 말하는 것은 물론 새로운 내용이 아니다. 그렇다면 나는 왜 옛 것을 말하는가? 그것은 당신이 이 옛 것을 받아들여서 그 안에서 가슴 설레는 생명의 삶을 살도록 돕기 위해서다. 만일 당신이 나의 말을 듣고 실천한다면 과거와는 완전히 다른 삶을 살게 될 것이다.

성령님은 하나님이시다

다시 말하지만 성령님은 인격체이시다. 이 점이야말로 그분이 '어떤 분' 이신가에 대한 답이 될 것이다. 그렇다면 그분은 '누구' 이신가?

역사적 기독교는 성령님이 하나님이심을 가르쳐왔다. 니케아 신경(信經)의 일부를 인용해보자.

"나는 성령님을 믿는다. 그분은 주님이시며 생명을 주시는 분이시다. 그분은 성부와 성자로부터 영원히 발출(發出)하신다. 또한 그분은 아버지와 아들과 함께 경배와 영광을 받으신다."

이것이 1,600년 전 교회가 믿었던 성령님이시다. 그렇다면 이제 잠깐 대담한 가정(假定)을 해보도록 하자. 성령님이 하나님이시라는 믿음을 잠시 접어두고, 성령님의 자리에 다른 존재를 집어넣어보자. 그런데 그렇게 하기 전에 니케아 신경을 조금 바꾸어서 말해보자.

"나는 한 성령님을 믿는다. 그분은 주님이시며 생명을 주시는 분이시다. 또한 그분은 아버지와 아들과 함께 경배와 영광을 받으셔야 한다."

여기에 '성령님' 대신 '아브라함'을 넣어서 읽어보자.

"나는 신자들의 조상 아브라함을 믿는다. 그분은 아버지와 아들과 함께 경배와 영광을 받으신다."

어떤가? 한마디로 경악할 일이다. 우리가 도저히 받아들일 수 없는 일이다. 우리와 똑같은 인간을 성삼위(聖三位) 가운데 한 위격(位格)으로 격상(格上)시킨다는 것은 상상하지 못할 일이다. 성부와 성자는 경배와 영광을 받아야 마땅한 분이시다.

따라서 만일 성령님이 경배와 영광을 받으셔야 한다면, 그분은 성부와 성자와 동일한 위치에 있는 분이어야 한다.

그렇다면 이제 아타나시우스 신경을 보자. 1,300년 전에 작성된 이 신경은 성령님에 대하여 이렇게 말한다.

"성자는 성부와 동등이시고, 성령도 역시 성부와 동등이시다."

조금 전과 같은 끔찍한 가정을 한 번 더 해보자. 이 신경에 '성령' 대신 어떤 한 인간의 이름을 넣어보자. 예를 들어 '다윗'의 이름을 넣어보자.

"성자는 성부와 동등이시고, 시편을 지은 다윗도 역시 성부와 동등이시다."

이것은 얼굴에 찬물을 끼얹는 것과 같은 충격적인 말이다. 이것은 도저히 있을 수 없는 일이다. 물론 '다윗' 대신 천사장 미가엘을 집어넣어서 "성자는 성부와 동등이시고, 천사장 미가엘도 역시 성부와 동등이시다"라고 말할 수도 없다. 이것을 가리켜 어불성설(語不成說)이라고 하는 것이다.

우리는 교회의 역사 가운데 만들어진 위대한 신경들이 성령님에 대하여 무엇이라고 말하는지 살펴보았다. 그러나 만일 성경이 이 신경들과 다르게 가르친다면 나는 이 신경들을 과감히 던져버릴 것이다. 턱수염을 길게 늘어뜨린 사람이 나타나서 자기가 수십 세기에 걸친 교회사(敎會史)를 아주 깊이 연구했다고 말하면서 어떤 교리를 주장한다고 가정해보자. 그때 만일 그가 그의 교리를 뒷받침하는 성경구절을 제시하지 못한다면 나는 그를 절대 믿지 않을 것이다. 나는 신경을 가르친다. 하지만 어디까지나 그 신경이 어떤 주제에 관한 성경의 교훈을 요약해줄 경우에만 그렇다. 만일 신경이 성경에서 벗어난다면 나는 그 신경을 가르치지 않고 성경을 가르칠 것이다. 왜냐하면 성경이 모든 진리의 원천이기 때문이다. 그러나 감사하게도, 우리 믿음의 조상들은 성경으로 돌아가서 성경을 깊이 연구하여 신경을 작성하였다.

찬송가에 나타난 성령님

그렇다면 찬송가 작사가들은 무엇을 믿었는지 살펴보자. 찬송가 176장 '영화로신 주 성령'의 1절 가사는 어떤가?

> 영화로신 주 성령
> 나의 맘에 비추사
> 어둠 몰아내시고
> 밝게 하여줍소서.

천사 가브리엘, 끌레르보의 베르나르(Bernard of Clairvaux,

1090~1153. 수도원 개혁가, 신비가 및 신학자), 또는 D. L. 무디(D. L. Moody)를 위해 이 찬송을 부른다고 가정해보자. 하나님을 섬기는 어떤 인간이나 피조물에게 이 기도를 드린다고 가정해 보자. 상상도 할 수 없는 일이다. 이 찬송을 받으실 수 있는 분은 오직 하나님뿐이다. 이 찬송가의 2절을 살펴보자.

> 전능하신 주 성령,
> 성결하게 하시고
> 나의 맘을 괴롭힌
> 죄를 멸해줍소서.

누가 인간 영혼의 복잡하고 깊은 곳, 인간 영(靈)의 깊은 골방으로 들어가 그곳을 성결하게 할 수 있을까? 인간의 영을 만드신 하나님 외에 달리 누가 할 수 있겠는가? 그러므로 우리는 "전능하신 주 성령, 성결하게 하시고"라고 쓴 찬송가 작사가가 성령님을 하나님으로 믿었다고 결론내릴 수밖에 없다. 이 찬송가의 4절을 보자.

> 신령하신 주 성령,
> 나의 맘에 계시사

망령된 일 고치고

홀로 주관합소서.

교회는 이 찬송가를 100년 이상 불러왔다. 당신은 당신이 아는 어떤 사람을 향해 과연 "홀로 주관합소서"라고 기도할 수 있는가? 이 찬송가 작사가는 성령님을 하나님으로 믿었기 때문에 이런 기도를 드릴 수 있었던 것이다. 그가 만일 그렇게 믿지 않았다면, 그는 절대 이런 찬송가를 작사하지 않았을 것이다. 거룩한 하나님이 아닌 다른 존재에게는 절대 이렇게 기도할 수 없다.

성경이 확증하는 진리

이제 성경의 진리를 살펴보자. 지금 나는 성령님이 인격체이시며 신성한 존재요, 신성한 존재일 뿐만 아니라 하나님이시라는 진리를 증명하려 한다.

시편 139편에서 시편기자는 성령님이 무소부재(無所不在)하신 분이라고 말한다. 그는 "내가 주의 신(神)을 떠나 어디로 가며 주의 앞에서 어디로 피하리이까"(시 139:7)라고 말한다. 시편 139편 전체에 걸쳐서 그는, 일출(日出)처럼 아름답고 버드나무를 스치는 바람처럼 음악적인 언어를 사용하여 성령님의 편재성(遍在性), 무소부재하심을 증거한다. 성령님은 하나님이시다. 왜냐하면 그 어떤 피조물도 하나님의 속성인 편재성을 가질 수 없기 때문이다.

히브리서 9장 14절에서는 천사장, 스랍들, 그룹들, 천사, 사도, 순교자, 선지자, 족장 및 여타의 피조물들에게 돌릴 수 없는 속성을 성령님께 돌리고 있다. 히브리서 기자는 "영원하신 성령으로 말미암아"(히 9:14)라고 말한다. '영원성'이 하나님의 피조물들에게는 돌려질 수 없는 속성이라는 것을 모르는 신학자는 없다. 천사들은 영원하지 않다. 다시 말해서, 그들에게는 시작이 있었다. 모든 피조물에게는 시작이 있었다. 만일 우리가 어떤 존재를 가리켜 "영원하다"라고 말한다면 그 존재에게는 시작이 없었다는 뜻이 되고, 따라서 그 존재는 피조물이 아니라 하나님이라는 뜻이 된다. 그러므로 성령님이 자신을 가리켜 "영원하신 성령"이라고 말씀한다면, 그것은 그분이 자신을 하나님으로 불렀다는 뜻이 된다.

예수님은 마태복음 28장에서 "너희는 가서 … 아버지와 아들과 성령의 이름으로 세례를 주라"(마 28:19)라고 말씀하신다. 만일 이것을 "너희는 가서 … 아버지와 아들과 사도 바울의 이름으로 세례를 주라"라고 읽는다면 어떻게 되겠는가? 진정 상상할 수도 없을 만큼 난감한 일이다! 그 어떤 인간도 삼위일체라는 배타적 울타리 안으로 들어갈 수 없다. 우리는 아버지와 아들의 이름으로 세례를 준다. 왜냐하면 아들은 아버지와 똑같은 신성(神性)을 지닌 하나님이시기 때문이다. 마찬가지로 우리는 성령의 이름으로 세례를 준다. 왜냐하면 성령도 아버지와 아들과 똑같은 신성을 지닌 하나님이시기 때문이다.

내가 이렇게 말하면 어떤 사람들이 "당신은 삼위일체설을 믿는 사람이군요. 우리도 이미 그렇게 믿고 있습니다"라고 말할지 모르겠다. 맞다. 그들이나 나나 모두 삼위일체설의 신봉자이다. 그러나 나는 지금 이 교리를 다시 한 번 강조하고자 한다.

진리를 가르치지 않는 교회들

너무나 많은 복된 진리가 이런 저런 잡동사니에 파묻힌 채 잊혀지고 있다. 사람들은 그것을 믿노라 하지만 반복해서 가르쳐 주는 사람이 없기 때문에 그것을 잊고 산다. 생각나게 해주는 사람이 없으니 잊힐 뿐이다.

일전에 나는 다른 도시에서 이곳으로 이사했다는 매우 지적(知的)인 부부를 만났다. 그들이 내게 전에 살던 도시에서 다녔다는 교회 이름을 말해주었을 때 나는 "아, 그 교회요! 아주 좋은 교회입니다"라고 말했다. 그러자 그들은 "아, 예. 물론 좋은 교회입니다. 하지만 우리는 그 교회에서 가르치지 않는 것이

> 복음주의적 기독교는 성령 충만을 믿는다. 다만 그것을 체험하는 사람이 없다는 것이 문제이다. 그것은 꽁꽁 언 얼음 속에서 잊혀져 간다.

있어서 이곳으로 왔습니다"라고 대답했다. 질병에 시달리는 그들이 이곳에 온 것은 성경의 교훈에 따라 신유의 기름부음을 받기 위해서였다. 그리하여 나는 선교사 두 명, 설교자 두 명, 장로 한 명을 불러서 그들의 치유를 위해 함께 기도했다.

만일 당신이 그들이 다녔다는 교회에 가서 그 교회의 목사님에게 "당신은 주님이 기도에 응답하여 병자들을 고쳐주신 것을 믿습니까?"라고 묻는다면, 그는 "물론입니다"라고 답할 것이다. 그렇다. 그는 믿는다. 단지 가르치지 않을 뿐이다. 우리가 어떤 것을 남들에게 가르치지 않는다는 것은 그것을 강력하게 믿지 않는다는 뜻이다. 우리가 강력하게 믿지 않는 그것은 우리에게 아무 유익도 줄 수 없다.

성령 충만도 마찬가지이다. 복음주의적 기독교는 성령 충만을 믿는다. 다만 그것을 체험하는 사람이 없다는 것이 문제이다. 그것은 꽁꽁 언 얼음 속에서 잊혀져간다. 나는 그것이 다시 살아나 싹을 틔울 수 있도록 하나님께서 이 얼음을 녹여주시기를 기도한다. 이 기도가 응답될 때, 교회는 유익을 얻을 것이다. 이 기도가 응답될 때, 성령 충만의 진리가 얼음 속에 파묻힌 채 무관심 속에 방치되는 것을 뻔히 보면서도 말로만 "나는 성령 충만을 믿습니다'라고 말하는 신자들이 사라질 것이다.

성령님을 올바로 알자

이제까지 말한 것들을 정리해보자. 성령님은 누구신가? 성령님은 우리와는 다른 존재방식으로 존재하시는 하나님이시다. 그분은 물질로서가 아닌 영으로서 존재하신다. 왜냐하면 그분은 물질이 아니라 하나님이시기 때문이다. 그분은 인격체이시다. 이것은 수 세기 동안 교회가 믿어온 진리이다. 찬송가 작사가들도 그렇게 믿었다. 구약과 신약 모두 그렇게 가르친다. 나는 단지 그 증거로 신구약의 몇 구절을 인용했을 뿐이다. 이 진리를 증거하는 성경구절들을 전부 찾으려면 밤을 새워도 부족할 것이다.

이 진리에서 우리는 무엇을 배울 수 있는가? 우리는 '성령님'이라는 '눈에 보이지 않는 하나님'이 우리 가운데 존재하신다는 것을 배울 수 있다. 그분은 생각하고 느낄 수 있는 인격체이시다. 그분은 성부와 성자와 결코 분리될 수 없는 분이시다. 만일 당신이 별안간 천국으로 옮겨진다 할지라도 지금보다 더 가까이 하나님께로 가는 것은 아니다. 왜냐하면 그분은 이미 여기에 계시기 때문이다.

당신의 몸이 공간적으로 아무리 이동한다 해도 당신이 그분께 더 가까이 가는 것이 아니요, 그분이 당신에게 더 가까이 오시는 것도 아니다. 왜냐하면 서로 분리될 수 없는 성삼위(聖三位) 하나님이 항상 우리와 함께 계시기 때문이다. 성령은 성자와 동등이시며, 또한 성부와 동등이시다. 이런 성령이 그분의 교회 안에 계신다.

성령님은 어떤 분이신가? 그분은 바로 예수님 같은 분이시다. 당신은 신약성경을 읽었을 것이다. 거기서 발견되는 예수님 같은 분이 바로 성령님이시다. 왜냐하면 예수님은 하나님이시고, 성령님도 하나님이시며, 하나님이 예수님과 동등이시기 때문이다. 성부가 어떤 분이신지 안다면, 성자가 어떤 분이신지 알게 된다. 그리고 성자가 어떤 분이신지 안다면, 성령이 어떤 분이신지도 알게 된다.

만일 지금 당장 예수님이 우리 교회에 모습을 나타내신다고 해도, 사람들이 교회로 쇄도하는 일은 결코 일어나지 않을 것이다. 두려움에 비명을 지르는 사람도 없을 것이다. 다만 우리는 그분이 우리를 그토록 높여주신 것에 대해 감사와 기쁨의 눈물을 흘릴 것이다. 우는 아기를 안은 엄마도 그분을 두려워할 필요가 없다. 세상에서라면 머리채를 잡힌 채 질질 끌려갔을 불쌍한 창녀도 결코 그분을 두려워할 필요가 없을 것이다. 누구도, 어느 누구도 그분을 두려워할 필요가 없다. 그분은 온유와 겸손과 따스함과 친절과 사랑의 화신(化身)이시다. 그런데 중요한 것은, 바로 성령님이 그런 분이시라는 사실이다. 왜냐하면 그분은 아버지와 아들의 영이시기 때문이다. 아멘!

4부
성령님에 관한 31가지 묵상

성령님은 성경의 진리를 받아들이지 않는 그리스도인들에게는 임하지 않으신다.
그분은 아무것도 없는 진공 상태에 임하지 않으시며 하나님의 말씀이 있는 곳에 임하신다.
말씀의 연료가 있는 곳에 성령님의 불이 임하면 희생제물을 모두 태워버린다.

4부는 「Tozer on the Holy Spirit」에서 발췌했다.

01 자기부정 SELF-DENIAL
살기 위해 죽어라

Holy Spirit

> 너희 자신을 종으로 드려 누구에게 순종하든지
> 그 순종함을 받는 자의 종이 되는 줄을 너희가 알지 못하느냐
> 로마서 6:16

하나님은 우리를 위하여 선한 뜻을 가지고 계신다. 그러나 우리가 우리 마음속에 오직 한 가지 소원만 남기고 다른 모든 소원들을 없애기 전에는 그분도 우리를 위해 일하실 수 없다. 우리에게 남아야 할 한 가지 소원이란 하나님의 뜻을 이루겠다는 소원이다.

우리의 육신적 야망을 모두 버렸을 때, 육신 속에 도사리고 있는 독사와 사자를 짓밟아버렸을 때, 이기심이라는 용(龍)의 목을 꺾어버렸을 때, 우리 자신을 죄에 대하여 죽은 자로 여기게 될 때, 그때 비로소 하나님은 우리를 '생명의 새로움'(newness of life) 가

운데로 끌어올리시고 성령으로 충만케 하실 수 있다.

부흥과 승리의 삶에 대한 교리를 배우는 일은 그다지 어렵지 않다. 그러나 실제로 자기 십자가를 지고 자기부정(自己否定)의 뼈아픈 길을 터벅터벅 걸어가는 일은 아주 어렵다.

그렇기 때문에 청함을 받은 사람은 많지만 택함을 입은 사람은 적은 것이다.

자기부정이란 무엇인가?
고행(苦行)이 자기부정은 아니다.
잘못을 뉘우치며 자신을 괴롭게 하는 것이 자기부정은 아니다.
자기부정은 자신을 위해 사는 삶을 포기하는 것을 의미한다.
자기부정은 우리의 모든 것을
무엇을 위해 쏟아 붓느냐의 문제이다.
자기부정은
"이것이 나에게 어떤 영향을 미칠 것인가?"라고 묻지 않고
"이것이 다른 사람들에게 어떤 결과를 가져올 것인가?
하나님께서 이것을 어떻게 생각하실까?"라고 묻는 것이다.

02 부흥 REVIVAL
Holy Spirit

냉랭한 심령에
성령의 불을 붙여라

빌기를 다하매 모인 곳이 진동하더니
무리가 다 성령이 충만하여 담대히 하나님의 말씀을 전하니라
사도행전 4:31

어떤 교회는 정통 교리와 신조(信條)를 붙들고도 여러 세대에 걸쳐서 쇠퇴해간다. 새로운 사람들이 교회로 들어와 똑같은 교리와 신조를 받아들이지만 역시 세월이 흐르면서 쇠퇴해간다. 그러다가 신실한 말씀의 사자(使者)가 찾아와 일시에 거룩한 총을 난사(亂射)해가며 교인들을 전부 뒤집어놓았고, 이렇게 불붙기 시작한 교인들이 열심히 기도하자 하나님의 능력이 임하여 교회가 부흥하기 시작했다.

자기들이 구원받았다고 착각하던 사람들이 부흥을 통해 구원받게 된 것이다. 단지 '기독교의 윤리'만을 받아들였던 사람들이 부흥을 통해 그리스도를 믿게

되었다. 이것이 어떻게 된 일인가? 어렵게 생각할 건 없다. 신약의 기독교로 돌아간 것뿐이다. 그러나 이것은 '있어도 되고 없어도 되지만 있으면 더욱 좋은' 기독교가 아니다. 이것만이 진짜 기독교이다. 처음부터 이랬어야 했던 것이다.

성령님은 성경의 진리를 받아들이지 않는 그리스도인들에게는 임하지 않으신다. 그분은 아무것도 없는 진공 상태에 임하지 않으시며 하나님의 말씀이 있는 곳에 임하신다. 말씀의 연료가 있는 곳에 성령님의 불이 임하면 희생제물을 모두 태워버린다.

하나님의 말씀은 단순한 지적(知的) 빛이 아니다.
영적 생명이요, 하늘의 불이다. …
하나님의 말씀은 하나님의 사랑이 담긴 러브레터이며,
하나님의 얼굴을 비추어주는 거울이다.
그러므로 뜨거운 마음과 불타는 사랑으로
하나님의 말씀을 읽어라.

03 육신 FLESH
육신에서 벗어나라

이는 그리스도 예수 안에 있는 생명의 성령의 법이 죄와 사망의 법에서 너를 해방하였음이라
로마서 8:2

성도가 성령님에게 무관심하거나 그분을 거부한다면, 그들의 신앙은 화석화(化石化)되거나 자기들의 지혜로 새로운 것들을 만들어내기에 이를 것이다. 비록 소수이기는 하지만 일부 교회에서는 화석화를 하나님의 뜻으로 여겨 오직 과거의 신앙적 유산을 보존하는 일에 전념하기도 한다.

또 다른 교회는 현대적인 모습을 갖추려고 애쓴다. 그들은 세상 사람들을 흉내 내면서 스스로 독창적이라고 착각한다. 그들은 유행을 따르지만 그들이 만들어낸 '독창적인 것들'이란 장난감이나 자잘한 소품(小品)들에 불과하다. 세상의 것들을 모방하느라 열

을 올리는 그들에게는 '거룩함과 영적 위엄'을 찾아볼 수 없다. 그들이 만들어낸 것에도 성령님의 검인(檢印)이 없다.

우리는 모두 그리스도의 심판대 앞에 설 것이다. 그때 이 세상에서 평생 육신을 따라 산 우리의 모습이 드러난다면 우리는 어떻게 해야 할까? 창조적인 성령님, 그분의 기쁘신 일들이 우리 안에서 이루어지기를 원하지 않은 우리의 모습이 드러난다면 우리는 어떻게 해야 할까? 생각만으로도 참 두려운 일이다!

폭군처럼 우리를 짓누르는 육신에서 벗어날 수 있는 길이 있다.
그것은 그리스도의 십자가이다. …
그리스도의 십자가는 육신의 속박을 종식시킨다.
육신의 속박에서 벗어나 살 수 있는 능력은
성령님으로부터 나온다.

04 연합 UNITY

인간 중심이 아니라
그리스도 중심의 연합이어야 한다

너희는 내 얼굴을 찾으라 하실 때에 내 마음이 주(主)께 말하되
여호와여 내가 주의 얼굴을 찾으리이다 하였나이다
시편 27:8

기독교의 순수성은 쉽게 발견되지 않는다. 그리스도와 성령의 감동을 받은 사도들을 빼면 아마도 역사상 어떤 신자나 교회도 기독교의 진리를 완전히 순수하게 믿고 실천하지 못했을 것이다.

한 위대한 성도는 "기독교의 진리는 너무나 넓고 크기 때문에 어느 한 사람이 그것을 다 이해할 수는 없습니다. 그러므로 구속(救贖)받은 모든 자들이 계시된 진리를 올바로 묵상해야 합니다"라고 말했다.

성령님은 누구에게 말씀하시든지 간에 언제나 동일한 것을 말씀하신다. 그분은 신학적 유행을 따르거나 교리적 편견에 사로잡히는 일 없이 언제나 동일한

것을 말씀하신다. 그분은 그리스도를 알려고 애쓰는 사람에게 그리스도의 아름다운 빛을 비추어주신다. 따라서 성령님의 도우심을 받는 사람은 그리스도의 영광의 빛을 받을 수 있다.

그리스도의 교회를 지배해야 할 분은
오직 그리스도이시다.
어떤 교리적 원리도 그분을 대신하여
교회를 지배해서는 안 된다. …
하나님이 원하시는 것은
'인간들끼리 잘 어울리는 단결'이 아니라
'그리스도를 중심으로 한 영적 연합'이다.
'영적 연합'은 생명과 사랑의 기초 위에 세워진다.

05 사랑 LOVE
우리의 지혜에 사랑의 불이 붙어야 한다

하나님은 영이시니 예배하는 자가 신령과 진정으로 예배할지니라
요한복음 4:24

신학의 바람이 어느 방향으로 불더라도 우리에게는 두 가지가 확실하다.

첫째, 하나님은 누구를 통해서라도 반드시 자신을 증거하신다는 사실이다. … 구원의 진리가 사람들에게 완전히 감추어진다는 것은 있을 수 없는 일이다. 심령이 가난한 자들과 회개하는 자들의 눈에는 그들을 구원하시려고 두 팔 벌리고 계신 그리스도가 보일 것이다.

둘째, 성령님이 정통 교리의 수호자이시라는 사실이다. 성령님은 겸손히 믿고 따르는 사람들에게 언제나 동일한 것을 가르쳐주신다. 성령님에게 빛을 받은

사람들은 한결같이 그 빛에 대하여 증거한다.

　우리가 경계해야 할 가장 무서운 일은 성령님을 근심하게 하여 침묵하시도록 만드는 것이다. 왜냐하면 성령님이 침묵하실 경우 우리는 우리의 지혜에 의지하여 살아가야 하기 때문이다. … 떨기나무를 아무리 잘 가꾼들 거기에 불이 없다면 아무 소용도 없다.

지혜만 있는 사람은 차갑고 완고해질 수 있다.
그러나 우리의 지혜에 사랑의 불이 붙고
성령님의 능력이 임한다면,
우리는 세상에 복을 전하는 자들이 될 것이다.

06 순종 OBEDIENCE
진리이신 그리스도께 순종하라

> 예수께서 가라사대 내가 곧 길이요 진리요 생명이니
> 나로 말미암지 않고는 아버지께로 올 자가 없느니라 …
> 너희가 나를 사랑하면 나의 계명을 지키리라
> 요한복음 14:6,15

진리는 영원히 동일하지만 진리의 형식과 강조점과 적용은 달라질 수 있다. 그리스도께서 인종과 시대와 민족의 특수성을 고려하여 그들에게 접근하신다는 사실은 참으로 감사한 일이다. 사람들의 교리적 강조점이나 신앙적 습관이 조금씩 다르다고 해도 그들이 그리스도를 진리로 믿고 전적으로 신뢰한다면, 그분은 그들에게 빛과 생명을 주실 것이다.

성령님은 그리스도에 관한 교리적 논쟁을 위한 증거는 하지 않으신다. 다만 성령님은 십자가에서 죽으시고 장사되고 부활하여 '지극히 높으신 분'의 우편에 앉으신 그리스도를 증거하신다.

우리에게만 진리가 있고 우리에게는 절대 오류가 없다고 생각해서는 안 된다. 오히려 우리는 진리이신 분의 못 박힌 발 아래 꿇어 엎드려 겸손히 그분의 말씀에 순종해야 한다.

하나님의 인도를 받으려면
무엇보다 자신을 하나님께 온전히 맡겨야 한다.
그 다음으로 순종하겠다는 자세를 가져야 한다.
그분은 하나님의 빛을 따를 준비가 되어 있지 않은 자에게는
빛을 주지 않으실 것이다.

07 분별력 DISCERNMENT
Holy Spirit

대세에 휩쓸리지 말고
이 세대를 분별하라

요한이 또 증거하여 가로되 내가 보매
성령이 비둘기같이 하늘로서 내려와서 그의 위에 머물렀더라
요한복음 1:32

세례 요한은 정확한 영 분별력의 소유자였다. 그에게는 본질을 꿰뚫어보는 눈이 있었다.

비둘기가 하늘에서 두 발을 모으고 땅에 내려와 앉듯이 성령님이 하늘로부터 내려와 하나님의 아들 위에 머무셨다.

그때 세례 요한처럼 성령님의 임하심을 본 이가 무리 중에 또 있었을까? 없었다.

당시의 상황에서 그분을 알아볼 수 있는 영적인 눈을 가진 사람은 오직 세례 요한뿐이었다고 나는 믿는다.

영적 소경들에 둘러싸여 있던 세례 요한에게 영적

통찰력이 있었던 것이다. 그는 자기의 시대에 자기가 어디에 있어야 하는지 아는 사람이었다.

만일 세례 요한이 이 시대에 나타난다고 해도 그는 결코 시대의 종교적 유행이나 대세에 휩쓸리지 않을 것이다.

나는 이 시대를 위해 봉사하고
나의 사명을 완수하기 원하노라.
나는 내 주님의 뜻을 온전히 따르기 위하여
나의 온 힘을 다 쏟아 붓기 원하노라.

08 내주하심 INDWELLING
Holy Spirit

살아 계신 하나님이 당신 속에 있는가?

> 다른 이로서는 구원을 얻을 수 없나니
> 천하 인간에 구원을 얻을 만한
> 다른 이름을 우리에게 주신 일이 없음이니라 하였더라
> 사도행전 4:12

기독교에는 세 가지 중요한 요소가 있다. 영적 생명, 도덕적 실천 그리고 공동체의 형성이 바로 그것이다. 신약성경의 교훈에 따라 이 세 가지는 우리에게 반드시 있어야 한다.

진리를 믿는 사람에게는 신비한 방법으로 생명이 주어진다.

"내가 진실로 진실로 너희에게 이르노니 내 말을 듣고 또 나 보내신 이를 믿는 자는 영생을 얻었고 심판에 이르지 아니하나니 사망에서 생명으로 옮겼느니라"(요 5:24).

"나를 믿는 자는 성경에 이름과 같이 그 배에서 생

수의 강이 흘러나리라 하시니 이는 그를 믿는 자의 받을 성령을 가리켜 말씀하신 것이라 (예수께서 아직 영광을 받지 못하신 고로 성령이 아직 저희에게 계시지 아니하시더라)"(요 7:38,39).

  십자가에 깃들어 있는 메시지는 영생이요, 성령님의 내주(內住)하시는 복(福)이다. 바로 이 점에서 기독교는 다른 모든 종교들과 구별된다. 인간은 자기 힘으로 영생과 성령님의 내주하시는 복을 얻을 수 없다.

그리스도는 인류에게
"너희는 스스로 파멸의 구렁텅이에 빠져들었지만
내 안에서 구원을 찾을 수 있다"라고 말씀하신다.
기독교는 초자연적인 종교이다.
살아 계신 하나님이 인간 속에 거하시는 종교이다.

09 소명 CALL
사람의 부름이 아니라
성령님의 부르심을 받아라

> 우리가 한 몸에 많은 지체를 가졌으나
> 모든 지체가 같은 직분을 가진 것이 아니니
> 로마서 12:4

진정한 설교자가 되는 방법은 오직 하나뿐이다. 그러나 불행하게도 우리는 설교단에 오르는 길을 여럿 알고 있다. 그 여러 개의 길 중 하나는 '보기에 그럴듯한 풍채 좋은 설교자'가 되는 방법이다. 압살롬처럼 키가 큰 사람, 위엄 있어 보이는 사람, 낭랑한 음성을 가진 사람, 이런 사람들이 설교자가 되어 하나님의 말씀을 전하겠다고 설교단 위에 서고 있다.

그러나 이들은 실제로 하나님이 보내신 자들이 아니다. 성령님의 부르심을 받은 자들이 아니라 사람들의 부름을 받은 자들이다. 그 결과 그들은 재앙을 몰고 온다.

또 어떤 사람들은 인류를 향한 사랑 때문에 설교자가 된다. 그들의 인류애(人類愛)가 가짜라는 말은 아니다. 그러나 그것은 전적으로 인간적(人間的)인 것이다. 사회적 책임감이 강한 그들은 목회 활동을 통해 자신의 책임을 가장 잘 감당할 수 있다고 믿는다.

인류애 때문에 설교자가 되었다면, 그나마 그것은 잘못된 동기로 설교자가 되는 여러 경우 중에서 가장 건전하다고 할 수 있다. 하지만 이 역시 영적으로는 정당화될 수 없다. 왜냐하면 원하는 자를 설교자로 부르시는 성령님의 주권적 권리를 무시하고 자기 마음대로 설교자가 된 경우이기 때문이다.

하나님이 다스리시는 교회가 아니라
인간들이 경영하는 교회라면 실패할 수밖에 없다.
대학 졸업장은 있지만
성령 충만하지 못한 목회자가 기적을 만들어낼 수 없듯이….
우리를 통해서 성령님의 임재와 능력이 나타나지 않으면
아무것도 본질적으로 개선되지 않는다.

10 Holy Spirit | 향기 FRAGRANCE
위대한 사람이 아니라
선한 사람이 되라

선한 사람은 그 쌓은 선(善)에서 선한 것을 내고
악한 사람은 그 쌓은 악(惡)에서 악한 것을 내느니라
마태복음 12:35

제대로 된 목회자라면 누구나 주(主)께 깊이 헌신하는 사람들을 알아본다. 주님을 사랑하는 것 외에 달리 내세울 것이 없는 이런 평범한 사람들은 자기도 모르게 성령의 열매를 드러내는 삶을 살아간다. 이런 사람들이 없다면 교회의 존립이 위태로워질 것이다.

그들은 교회에서 해야 할 일이 있을 때 가장 먼저 교회로 달려오고, 기도해야 할 일이 있을 때 가장 늦게까지 남아 기도하는 사람들이다. 그러나 그들은 교회 밖에서는 그다지 알려지지 않았다. 왜냐하면 그들의 성실성에는 극적 요소도 없고, 그들의 선함에는 특기할 만한 것이 없기 때문이다. 그런데도 그들은 가는 곳마다 사람들에게 영적 유익을 준다. 육신적인 사람들의 시선을 사로잡을 만한 위대함이 그들에게는 없다. 그러나 그들은 자기들이 성령으로 충만한 선한 사람이라는 데 만족한다.

  이 세상을 떠날 때 그들은 그리스도의 향기를 남긴다. 당대의 유명 인사들이 전부 잊혀진 뒤에도 그들이 남긴 그리스도의 향기는 오랫동안 이 땅에 남게 된다.

  모든 사람들이 '위대한 존재'가 되는 것은 불가능하다. 그러나 하나님은 모든 사람들에게 어린양의 보혈과 성령님의 능력을 통해 '선한 존재'가 되라고 부르신다.

하나님께 나아가 하나님과 연합하라.
그러면 무한한 권능이 주어질 것이다.

11 부정 DENIAL
Holy Spirit

죄를 미워해야
의를 사랑할 수 있다

여호와를 경외하는 것은 악을 미워하는 것이라
나는 교만과 거만과 악한 행실과 패역한 입을 미워하느니라
잠언 8:13

그리스도에게 속한다는 것은 그분과 반대되는 모든 것들을 거부한다는 의미이다. 지금 우리가 살고 있는 시대는 무조건 '긍정적인 것' 만 추구하는 시대이다.

시편은 예수님에 대해 예언하여 이르기를 "왕이 정의를 사랑하고 악을 미워하시니"(시 45:7)라고 말한다. 그분이 사랑하기 위해 미워해야 하셨다면, 당신과 나도 마찬가지이다.

무조건 100퍼센트 긍정이라면 그것은 평생 숨을 내쉬지 않고 들이쉬는 것만큼이나 치명적이다. 숨을 들이쉬기만 한다면 그 사람은 살 수 없다. 교회가 성령을 들이쉴 때 교회는 그분과 반대되는 모든 것들을

내쉬어야만 한다.

미워할 줄 알아야 사랑할 줄 알게 된다. … 죄를 미워하지 않는 사람은 의(義)를 사랑할 수 없다. 성경은 어떤 것들을 받아들이기 위해서 어떤 것들은 버려야 한다고 가르친다. 부정할 줄 알아야 긍정할 줄 알게 된다. '노'(No)라고 말하지 못하는 사람은 '예스'(Yes)라고 말하지도 못한다.

주(主) 예수님!
저에게 주의 영을 불어넣어주소서.
주님을 들이쉬는 법을 제게 가르치소서.
죄와 자아(自我)로 얼룩진 저의 모든 삶을
주님 앞에 쏟아놓게 하소서.

12 십자가 CROSS
Holy Spirit

언덕 위의 십자가는
내 마음속의 십자가가 되어야 한다

그리스도 예수의 사람들은 육체와 함께
그 정과 욕심을 십자가에 못 박았느니라
갈라디아서 5:24

옛날에 한 젊은이가 나이 지긋한 성도에게 찾아와서 "어르신, 십자가에 못 박힌다는 것이 무슨 뜻입니까?"라고 물었다. 질문을 받은 성도는 잠시 생각한 후에 "십자가에 못 박힌다는 것은 두 가지를 의미한다네. 우선, 십자가에 못 박힌 사람은 오직 한 방향만 향하게 되지"라고 대답했다. 그렇다! 한쪽 방향으로만 향하는 것! 나는 이 비유가 너무 좋다. 우리는 하나님과 예수님과 성령님이 계신 곳만 바라보아야 한다. 성화(聖化)의 삶, 성령 충만한 삶만을 바라보아야 한다.

 노인은 덥수룩하고 희끗희끗한 머리털을 쓸어올리

며 말을 이었다.

"젊은이, 두 번째로 말하자면 … 십자가에 달린 사람은 이미 다시 돌이킬 수 없다네."

그렇다. 십자가에 달려 죽기 위해 집을 나서는 사람은 자신의 아내에게 "여보, 오후 5시가 넘으면 돌아오겠소"라고 말할 수 없다.

십자가에서 죽기 위해 집을 나서는 사람은 영구적인 작별을 고해야 한다. 그는 다시 돌아올 수 없다! … 예수 그리스도와 연합하는 순간 자신은 끝장이라고 믿는 사람을 회심(回心)시켜라. 그렇게 하면 진정한 그리스도인을 얻을 것이다.

모든 그리스도인들의 마음속에는 십자가와 보좌가 있다.
그들이 자신을 십자가에 못 박지 않았다면
그들은 보좌에 앉아 있는 것이다.

13 예배 WORSHIP
일보다 예배가 더 중요하다

주(主) 너의 하나님께 경배하고 다만 그를 섬기라
마태복음 4:10

나는 하나님께서 내게 개혁가(改革家)의 기질을 약간 주셨다고 믿는다. 이런 기질을 활용하여 강조하고 싶은 점이 있다. 교파와 교리적 강조점의 차이를 초월하여 모든 그리스도인들이 그들의 본래 목적에 다시금 충실해야 한다는 것이다.

모든 그리스도인들의 본래 목적은 예배이다. 일(사역)은 그 다음이다. 우리는 회심자(回心者)를 얻는 즉시 그를 일꾼으로 세우는 경향이 있다. 그러나 그것은 하나님의 뜻이 아니다. 회심하여 그리스도인이 된 자는 우선 예배드리는 법을 배우고 그 다음으로 일하는 법을 배워야 한다.

예수님은 "너희는 온 천하에 다니며 만민에게 복음을 전파하라"(막 16:15)라고 말씀하셨다. 그러나 베드로가 즉시 세상을 향해 나아가려 하자 그분은 "너희는 위로부터 능력을 입히울 때까지 이 성에 유하라"(눅 24:49)라고 말씀하셨다.

주님이 말씀하신 능력은 무슨 능력인가? 봉사를 위한 능력인가? 그렇다. 그러나 그것은 절반만 맞는 얘기이다. 아니, 10분의 1만 맞는 얘기일 것이다. 그렇다면 나머지 10분의 9는 무엇인가? 그것은 바로 예배를 회복할 수 있는 능력이다. 하나님은 하나님께 감격하며 큰 기쁨으로 숭모(崇慕)의 마음을 담아 예배드리는 사람들을 일꾼으로 사용하셔서 큰일을 이루신다. 하나님께 예배드리는 사람이 행한 일 속에는 영원한 가치가 들어 있다.

하나님이 우리에게 요구하시는 것은 예배이다. …
왕(王)이신 그분이 우리에게 요구하시는 것은
우리가 우리의 마음을 바치는 일이다.

14 Holy Spirit

은사 GIFTS

모든 신앙 행위는 성령의 능력으로 이루어져야 한다

하나님은 영이시니 예배하는 자가
신령과 진정으로 예배할지니라
요한복음 4:24

타락한 인간이 하나님께서 받으실 만한 예배를 드리도록 만드실 수 있는 분은 오직 성령님뿐이시다. 그런 의미에서, 하나님께서 들으실 만한 기도를 올려드리도록 할 수 있는 분 역시 오직 성령님뿐이시다. 한 걸음 더 나아가, 무엇이든지 하나님께서 받으실 만한 것이 되도록 하려면 그것은 성령님을 통해서 이루어져야 한다.

형제들이여! 성령의 은사에 대한 당신의 입장이 어떠하든지 간에, 나는 "성령님의 모든 은사는 그분의 교회 안에서 나타나야 한다. 사실 성령님의 모든 은사는 2,000년 교회 역사 속에 나타났어야 했다. 그런데 그렇게 되지 못했던 것 같다"라고 말하지 않을 수 없다.

어거스틴, 크리소스톰, 루터, 칼빈, 휫필드 같은 사람들을 어떻게 설명할 것인가? 그들이 성령의 은사를 받았기 때문에 그토록 큰일을 이루었다는 설명 외에 달리 설명할 길이 없다.

성령님은 자신의 뜻에 따라 각 사람에게 은사를 나누어주신다. … 교회를 성장시킨 분은 성령님이시다. 따라서 우리는 오직 성령님 안에서 예배하고 기도하고 효과적으로 설교할 수 있다. 요컨대 우리의 모든 신앙 행위는 성령님의 능력을 통해서 이루어져야 한다.

성령님은 지혜, 권능, 거룩함, 믿음 그리고 사랑을 주신다. … 이것은 그분에게 온전히 순종하는 이에게 찾아와 거하시는 성령님 안에 다 들어 있다.

15 기술 ART
Holy Spirit | 예배의 기술에 대해 무지하다

> 여호와의 이름에 합당한 영광을 돌리며 거룩한 옷을 입고
> 여호와께 경배할지어다
> 시편 29:2

현대의 복음주의는 '예배'라는 보석을 잃어버린 채 살아가고 있다. 우리는 조직화되어 있는 상태에서 일하고, 회의(會議)한다. 우리에게는 거의 모든 것이 다 있다.

하지만 한 가지 결여된 것이 있으니 그것은 바로 예배할 줄 아는 능력이다. 심지어 복음주의적인 교회조차 예배의 기술에 대해 무지하다. 우리는 대개 이 기술을 연마하지 않는다. 현대 교회는 이 빛나는 보석을 잃어버리고 살고 있다. 따라서 우리는 이 보석을 반드시 되찾아야 한다.

예배는 무엇인가? 교회 안에서 예배한다고 할 때

그것은 무엇인가? 본질적으로 예배는 우리의 태도요, 마음의 상태요, 지속적인 행동이다. 우리의 태도와 마음의 상태와 예배 행위는 경우에 따라서 그 완성도(完成度)와 강도(强度)가 달라진다.

하나님이 자신의 아들의 영(靈)을 우리 마음에 보내실 때 우리는 '아바 아버지'라고 부르며 하나님께 예배드리기 시작한다. 그러나 이 시작 단계에서 끝내서는 안 된다. 우리는 예배에 대한 신약성경의 교훈에 따라 우리의 모든 것을 다 바쳐서 예배하는 단계에까지 올라가야 한다.

하나님은 우리의 예배를 받기 원하신다.
그분은 부족한 것이 전혀 없는 분이시다.
따라서 우리는 그분에게 절대적으로 필요한 존재는 아니다.
그런데도 그분은 우리를 원하신다.
아담이 범죄했을 때
아담이 "하나님, 어디에 계십니까?"라고 하나님을 찾았는가?
아니다. 하나님께서 "아담아, 네가 어디에 있느냐?"라고 물으셨다는 사실을 기억하라.

16 Holy Spirit   경건 GODLINESS
머리로만 믿는 기독교가 문제이다

경건의 모양은 있으나 경건의 능력은 부인하는 자니
이같은 자들에게서 네가 돌아서라
디모데후서 3:5

오늘날 많은 사람들이 "기독교는 흥왕하는데 어째서 도덕은 쇠퇴하는가?"라고 묻는다. 이에 대해 나는 "문제의 원인은 '머리로만 믿는 기독교'에 있다"라고 답하겠다. 지금 사람들은 경건의 모양은 있지만 경건의 능력을 부인하고 있다.

성경말씀에 대한 지식만 가지고 경건한 삶을 살 수 있는 것이 아니듯, 도덕적인 삶을 살기 위해서는 진리의 영이신 성령님의 신비한 능력이 작용해야 한다. 만일 우리가 성령님을 배제한 채 도덕적인 삶을 살려고 노력한다면 결단코 성공할 수 없다. 그것은 사상누각(沙上樓閣)일 뿐이다.

기독교 신앙 안에 도사리고 있는 예기치 못한 함정을 피하려면 성령님의 신비한 임재가 절대적으로 필요하다. 이스라엘 민족이 광야를 통과할 때 불기둥이 그 백성 앞을 떠나지 않았던 것처럼 진리의 성령님이 평생 우리를 인도하셔야 한다. 단 하나의 성경구절이라도 우리가 그 말씀에 순종하기만 한다면 우리에게 무한한 힘이 될 수 있다.

"너는 마음을 다하여 여호와를 의뢰하고 네 명철을 의지하지 말라"(잠 3:5).

우리는 겉모양만으로 순종해서는 안 된다.
우리의 순종에는 경건의 능력이 나타나야 한다. …
하나님은 그분을 향한 최고의 사랑에서
자발적으로 흘러나오는 순종을 원하신다.
하나님은 그렇지 않은 것을 요구하지도 받지도 않으신다.

17 거룩함 HOLINESS

거룩하신 하나님을 닮아 거룩한 삶을 살라

> 여호와께서 가라사대 내가 친히 가리라 내가 너로 편케 하리라
> 출애굽기 33:14

자신이 거룩한 삶을 산다고 주장하면서도 실제로 이기적이고 교만한 삶을 사는 사람들이 있다. 이런 사람들 때문에 정직하고 진지한 사람들이 '거룩함'을 믿지 않는다.

그러나 그렇다고 해도 우리는 "거룩하라"라는 사도들의 명령과 그 거룩한 권위에 복종해야 한다. 하나님의 사람들은 성경말씀을 통해 "하나님은 여러분이 거룩한 사람들이 되기 원하시며 또 그렇게 되기를 요구하십니다. 왜냐하면 여러분은 거룩하신 그분의 자녀이기 때문입니다"라고 가르쳤다. 어떤 사람들은 '성화(聖化)의 교리'를 무너뜨렸다. 그러나 하나님은

하나님 자신을 기쁘게 해드리는 삶을 살려고 애쓰는 사람들에게 거룩하고 온유하신 성령님을 보내신다.

성령님의 신비로운 임재 가운데 사는 사람은 어느새 하나님의 거룩한 길을 따르는 삶을 살게 된다. 또한 그는, 자기도 모르는 사이에 이 세상 나라들보다 무한히 영광스러운 나라의 향기를 풍기는 삶을 살게 된다. 이런 삶은 하나님께서 허락하신 귀하고 아름다운 삶이다.

우리가 하나님과 화목하며
거룩한 삶을 사는 것이 하나님의 뜻이다. …
그리스도의 무한 공로로 구속(救贖)받아
하나님의 자녀가 되는 특권을 누리는 사람들은
거룩하신 하나님을 닮아 거룩한 삶을 살아야 한다.

18 본질 ESSENCE
신앙의 본질은 성령의 역사로만 깨달을 수 있다

우리가 … 오직 하나님께로 온 영을 받았으니
이는 우리로 하여금
하나님께서 우리에게 은혜로 주신 것들을 알게 하려 하심이라
고린도전서 2:12

성령님의 증거는 인간의 이성(理性)으로는 설명될 수 없는 '거룩하고 비밀스러운 일'이다. 이 증거는 사람들끼리 서로 전달해주고 전달받을 수 있는 것이 아니다. 이것은 하나님의 뜻에 따라 각 사람에게 주어질 뿐이다. … 인간의 귀로는 성령님의 음성을 들을 수 없다. 영적인 일에 관심이 없는 세상 사람들의 눈에는 성령님의 증거가 보이지 않는다.

성령님은 자신의 신비로운 임재를 세미한 음성으로 우리의 마음에 알리신다. 그 결과, 우리는 성령님의 임재를 알게 된다. 그러나 이 과정은 지극히 신비롭다. 그렇기 때문에 우리는 우리가 성령님의 임재를

'어떻게' 알게 되었는지 정확히 알지는 못한다. 우리가 살아 있다는 것을 아무런 증거 없이 직접 알 수 있듯이, 우리가 성령님 안에서 살아 있다는 것을 아무 증거 없이 직접 알 수 있다. … 성령님의 증거는 우리 영(靈)의 깊은 곳에 주어진다. 성령님의 증거는 눈에 보이는 외적(外的) 증거들을 초월하기 때문에 인간이 증명해야 하는 대상이 될 수 없다.

오늘날 우리는 그리스도인이라고 고백하는 사람들을 두 부류로 나누게 된다. 왜냐하면 겉으로는 구별되지 않지만 본질적으로 그들이 서로 다르기 때문이다. 한 부류는 기독교의 교리에 머리로만 동의하는 사람들이다. 또 다른 부류는, "신앙의 본질은 이성으로 접근할 수 없는 영혼의 깊은 곳에서 성령님이 초자연적으로 작용하시는 것이다"라고 말하는 사람들이다.

하나님의 법을 행동의 법칙으로, 하나님의 영광을 인생의 목적으로 삼은 사람들이 있는가? 그런 사람들이 있다면,
그들이야말로 은혜의 성령님께서 거룩하게 하신 이들이다.

19 정상 PEAK
어중간한 신앙을 탈피하라

너희 섬길 자를 오늘날 택하라
오직 나와 내 집은 여호와를 섬기겠노라
여호수아서 24:15

'좋지도 않고 나쁘지도 않은'이라는 뜻을 가진 영어 단어 'mediocre'는 두 개의 라틴어가 합쳐져서 만들어진 단어이다. 이것의 문자적(文字的) 의미는 '산봉우리와 산 밑의 중간'이다. 이것은 많은 그리스도인들의 영적 상태를 표현하기에 아주 안성맞춤이다. 왜냐하면 그들의 영적 상태는 산을 오르다가 중간쯤에서 멈춰버렸다고 비유할 수 있기 때문이다. … 그들은 완고한 죄인들보다는 도덕적으로 위에 있지만, 별처럼 빛나는 성도들보다는 영적으로 아래에 위치해 있다.

그러나 그리스도께서 우리에게 원하시는 것은 이

런 어중간한 상태가 아니다. 그분은 우리에게 매우 큰 것을 주실 수 있다. 그런데 우리는 어째서 이토록 작은 것에 안주하고 마는가? 그분의 피, 그분의 영, 그분의 십자가의 희생적 죽음, 그분의 보혈, 그분의 승천, 그분이 하나님 우편에 앉으신 것, 그분이 성령님을 보내주셨다는 것을 염두에 두고 그분이 우리에게 주려고 하시는 모든 것을 생각해보라.

오, 예수님!
오셔서 내 안에 거하소서.
날마다 내 발걸음과 동행하소서.
내 생명 속에서 사시고,
내 사랑 속에서 사랑하시고,
내 모든 말 속에서 말씀하소서.
내 생각 속에서 생각하시고,
나의 모든 행동이
주님의 행위가 되게 하소서.
그렇게 될 때,
오직 내 안에 그리스도가 사신 것입니다.

20 Holy Spirit | 고백 CONFESSION
성령으로만 예수를 주로 고백할 수 있다

성령으로 아니하고는 누구든지 예수를 주(主)시라 할 수 없느니라
고린도전서 12:3

삶 속에서 예수 그리스도를 영적으로 체험해야 할 필요성을 부정하거나 그런 체험을 거부하는 사람들이 있다고 가정해보자. 이런 사람들이 그리스도를 사랑하도록 만드는 것은 거의 불가능하다.

거듭남의 교훈을 가르치지 않는 교회, 그리스도의 보혈을 통한 구속(救贖)을 가르치지 않는 교회 그리고 성령의 조명(照明)에 의지해야 할 필요성을 가르치지 않는 교회가 있다고 가정해보자. 이런 교회가 사람들에게 그리스도에 대한 사랑과 관심을 심어주려고 아무리 발버둥치더라도 그것은 모두 헛수고이다.

주 예수 그리스도를 인간의 삶 속에 계시할 수 있는

기회가 성령님께 주어지지 않는다면 우리는 어느 누구도 그리스도를 사랑할 수 없다. 성령님이 영적 생명과 체험을 통하여 우리에게 능력을 주실 때 비로소 우리는 "예수님은 주님이시다" 라고 고백할 수 있다.

"하나님을 따라 의와 진리의 거룩함으로 지으심을 받은
새사람을"(엡 4:24) 입은 사람들은
하나님을 사랑한다.
왜냐하면 그들은 하나님을 닮았기 때문이다. …
하나님의 원수들은 하나님을 사랑한다고 말할지라도,
그들은 실상 상상 속에서 만들어낸 하나님을 사랑하는 것이다.
하나님의 진정한 친구들만이
하나님을 진정으로 사랑한다.

21 기름부음 ANOINTING
Holy Spirit

성령의 기름부음은
그 향내로 드러날 수밖에 없다

그러므로 하나님 곧 왕의 하나님이 즐거움의 기름으로 왕에게 부어 …
왕의 모든 옷은 몰약과 침향과 육계의 향기가 있으며
시편 45:7,8

신약 시대에 성령님이 오셨을 때 그분의 임재는 거룩한 기름부음의 모든 향기를 발하셨다. 사도행전의 기록을 보면, 신약 시대의 신자들이 성령의 기름부음을 받았다는 것이 너무나 분명하게 나타난다.

"저희가 다 성령의 충만함을 받고 성령이 말하게 하심을 따라 다른 방언으로 말하기를 시작하니라"(행 2:4).

"스데반이 성령이 충만하여 하늘을 우러러 주목하였다"(행 7:55).

"베드로가 이 말 할 때에 성령이 말씀 듣는 모든 사람에게 내려오셨다"(행 10:44).

이런 구절들은 이 외에도 많다.

성령님은 변하지 않으셨다. 그분의 능력과 권위도 변하지 않았다. 그분은 영원한 성삼위(聖三位) 가운데 제3위이시다. 그분이 우리 중에 계신 것은 하나님의 영원한 아들 예수 그리스도에 관하여 우리가 알아야 할 모든 것을 우리에게 가르쳐주시기 위함이다. 성령의 기름부음을 받은 사람은 결코 그것을 비밀로 할 수 없다. 왜냐하면 그가 기름부음을 받았다는 것은 어떻게든 드러나지 않을 수 없기 때문이다.

하나님이 우리에게 원하시는 것은
우리가 하나님을 위한 공간을 내어드리는 일이다.
하나님이 아무런 저항과 방해도 받지 않고
하나님의 뜻을 충분히
이룰 수 있는 공간을 만들어드리는 일이다.
이렇게 하려면 우리는 우리의 자의식(自意識)과
우리의 방법을 모두 버려야 한다.

22 타협 COMPROMISE
세상과 타협하지 마라

> 내가 내 의(義)를 굳게 잡고 놓지 아니하리니
> 일평생 내 마음이 나를 책망치 아니하리라
> 욥기 27:6

하나님의 은혜와 영적 능력을 얻으려는 사람은 세상과 어정쩡하게 타협해서는 안 된다. 빠지기 쉬운 죄의 유혹까지 완전히 이겨야 한다. 하나님이 미워하시는 것들로부터 돌아서지 않는 그리스도인은 승리와 복을 얻을 수 없다.

당신의 아내가 하나님께서 미워하시는 것을 사랑한다 할지라도 당신은 거기서 돌아서라. 당신의 남편이 하나님께서 미워하시는 것을 사랑한다 할지라도 당신은 거기서 돌아서라. 당신이 속한 사회 계층에서 하나님께서 미워하시는 것을 용납하더라도 당신은 거기서 돌아서라. 우리 세대의 사람들이 모두 하나님께서 미워하시는 것을 받아들인다고 해도 당신은 거기서 돌아서라. 왜냐하면 의롭고 거룩하신 우리 구주께서 보시기에 그것은 악하고 가증한 것이기 때문이다.

영적 성장의 책임은 각각의 그리스도인들에게 있다. 그들이 성령님의 인도함을 받기 위해 치러야 할 대가를 치르지 않거나 죄와 악을 미워하지 않는다면, 교회는 친목회로 전락하고 말 것이다.

우리에게는 부흥이 필요하다.
우리에게는 우리가 십자가에 못 박혀 죽는 부흥이 필요하다.
즐거운 마음으로 하나님의 뜻에 복종하는 부흥이 필요하다.
자기희생(自己犧牲)에 개의치 않는 부흥이 필요하다.
날마다 십자가를 지고 불과 물을 지나는 것을
특권으로 여기는 부흥이 필요하다.
그러나 안타깝게도 우리는 세상의 영향을 너무 많이 받고
성령님의 영향을 너무 적게 받는다.

23 감정 EMOTIONS
인위적 감정 조작을 경계하라

> 길에서 우리에게 말씀하시고 우리에게 성경을 풀어주실 때에 우리 속에서 마음이 뜨겁지 아니하더냐
> 누가복음 24:32

당신이 하나님의 행하시는 방법과 성령님의 부드러운 감동에 대해 얼마나 알고 있는지 나는 잘 모른다. 하지만 이것 하나만은 분명히 말할 수 있다. 하나님은 우리가 영적 결단을 내리도록 만들기 위해 우리의 감정을 이용하는 분이 아니시다!

하나님의 말씀과 하나님의 영이 함께 역사하시면 우리 안에 거룩하고 고상한 감정이 일어난다. 그분이 우리의 경배를 받으시기에 합당한 분이기 때문에 우리가 뜨겁게 그분을 찬양하는 것은 당연하다. 그런데 어떤 복음전도집회에서는 여러 가지 방법으로 청중의 감정을 불러일으키기도 한다. 그러나 이것은 성령

님의 감동 때문에 뜨거워지는 것이 아니라 심리적 자극으로 고조에 달하는 것이다.

일부 부흥사들은 "청중의 마음을 움직여 눈물 흘리게 했다면 그것은 죄인을 성도로 바꾸어놓은 일이다"라고 하면서 청중의 눈물을 짜내려고 노력한다. 그러나 이런저런 방법을 동원하여 눈물을 짜낸다고 해서 죄인이 성도로 변하는 것은 아니다. 성령님께서 하나님의 계시된 진리를 믿도록 해주실 때 죄인이 성도로 변하는 것이다. 하나님의 진리가 우리 속에서 역사하여 우리의 감정을 움직이는 것이야말로 참된 기독교적 체험이다.

참된 기독교 체험의 본질은 '하나님과의 만남' 이다.
그 밖의 다른 것들은 부차적(副次的)이다.

24 주재권 LORDSHIP
성령님이 당신의 삶의 주인이 되셔야 한다

값으로 산 것이 되었으니
그런즉 너희 몸으로 하나님께 영광을 돌리라
고린도전서 6:20

하나님은 각 사람에게 서로 다른 기질과 특징을 주셨다. 성령님은 이렇게 서로 다른 기질과 특징을 가진 신자들에게 찾아가셔서 그분의 뜻에 따라 그들이 다양한 체험을 하게 하신다. 따라서 그들의 영적 체험의 세부 사항들은 그들의 기질과 특징에 따라 달라질 수밖에 없다.

그런데 여기에는 한 가지 공통점이 있다. 그것은 복음을 받아들이고 복음의 진리에 따라 살다가 하나님을 만난 사람은 그런 체험의 세세한 사항들을 분명히 인식하게 된다는 것이다. … 이런 체험이 비록 짧은 순간에 일어났다고 해도 그것의 결과는 그의 평생의 삶 속에서 이런저런 모양으로 나타나게 마련이다.

우리는 우리의 삶과 체험 속에서 나타나는 성령님의 감동과 인도하심을 언제나 믿고 따를 수 있다. 반면, 인간적인 성향과 육신의 욕망을 따라서는 안 된다.

당신은 당신의 영이 아닌
다른 영에게 사로잡히기를 진정 원하는가?
하나님의 순수한 영,
하나님의 지혜의 영에 사로잡히기를 진정 원하는가?
만일 성령님이 당신을 사로잡는다면
성령님은 당신의 삶의 주인이 되실 것이다.

25 제자도 DISCIPLESHIP
삶에서 제자도를 실천하라

이 모든 일에 전심전력하여
너의 진보를 모든 사람에게 나타나게 하라
디모데전서 4:15

그리스도를 향한 헌신과 극기(克己)의 필요성에 대해 한 번도 생각해본 적이 없는 사람이 그분의 제자가 될 수 있는가? 될 수 없다! 그러나 유감스럽게도 어떤 그리스도인들은 "될 수 있다"고 생각한다. 오늘날 많은 사람들이 제멋대로 살고 있다. 심지어 교회에 다니는 사람들도 그렇게 산다. 돈과 자유가 주어졌고 안락한 생활이 가능해진 오늘날 자기 욕망이나 감정을 눌러 이기는 모습을 찾아보기는 매우 힘들다.

느슨해진 바이올린의 줄을 조이지 않고 연주한다면 어떤 소리가 나겠는가? 멋진 바이올린 주자라면 이런 바이올린을 제대로 조율(調律)하여 정상적으로 만든 다음 연주를 시작할 것이다.

영적인 일에서도 조율이 필요하다. 우리는 하나님께서 중요하게 여기시는 일들을 수행하기 위해 조율되고 훈련받고 성령님께 순종해야 한다. 그리고 이런 조율과 훈련과 순종은, 우리가 우리를 위한 하나님의 계획과 완전히 조화를 이룰 때까지 계속되어야 한다.

생명의 성령님은 사람들 안에 거하시며,
그들을 충만케 하시고,
그들 삶의 구석구석까지 지배하시고,
그들을 거룩하게 하시고,
그들의 능력을 북돋아주시고,
그들의 몸에 힘을 불어넣어주시고,
그들의 삶 가운데 그리스도의 빛이 드러나게 하신다. …
오순절 사건은 무기력한 신자들을
펄펄 끓는 성도들로 변화시켰다.

26 결단 DECISION
Holy Spirit

성령의 불은
우리로 결단하게 한다

너희 섬길 자를 오늘날 택하라 … 여호와를 버리고
다른 신들 섬기는 일을 우리가 결단코 하지 아니하오리니
여호수아서 24:15,16

하나님의 불꽃이 사람 안에 떨어지면 그는 고민하게 된다. 사람 안에 불꽃을 일으키시는 분은 성령님이시다. 이 불꽃은 죄를 깨닫게 하고 영적인 복을 갈망하게 만든다. 이 불꽃이 구원을 주는 것은 아니다. 하지만 우리를 구원으로 이끄는 이 불꽃은 반드시 우리에게 떨어져야 한다.

어떤 사람들은 하나님이 주시는 이 불꽃을 전혀 의식하지 못한 채 살아가는 것 같다. 그들은 훌륭한 사람이요, 훌륭한 이웃이요, 훌륭한 친구들이다. 그러나 그들은 아무런 영적 갈증도 느끼지 못하며 살아간다. 하나님 없는 삶에 만족하지 않고 그분을 찾아 헤

매도록 이끄는 영적 불꽃도 없이, 그들은 하루하루 그렇게 살아간다.

우리를 만드실 때 하나님은 우리를 '선택하고 결단을 내릴 수 있는 존재'로 만드셨다. 그분은 우리를 로봇으로 만들지 않으셨다. 하나님께서는 자신의 형상에 따라 우리를 만드셨다. 그렇기 때문에 우리에게는 '선택하고 결정할 수 있는 능력'이 주어졌다. 우리는 도덕적인 문제를 스스로 판단하고 선택할 수 있는 존재들이다.

인류의 조상 아담과 하와가 잘못된 선택을 했을 때 인류는 하나님에게서 멀어졌다. 그후, 인류는 하나님께 다시 돌아갈 것인지 아닌지 한 사람 한 사람이 제각기 결정해야 하는 선택의 상황에 직면하게 되었다.

행복은 우리의 의지와 하나님의 의지가
조화를 이룰 때 생기는 내면적 기쁨이다.

27 상처 WOUNDS
겟세마네를 지나야 그리스도와 함께 보좌에 앉을 수 있다

아버지여 만일 아버지의 뜻이어든 이 잔을 내게서 옮기시옵소서
그러나 내 원대로 마옵시고 아버지의 원대로 되기를 원하나이다
누가복음 22:42

"그리스도께서는 그리스도를 따르는 자들이 어떤 상처도 받지 않도록 지켜 보호해주실 것이다"라고 배웠고 그렇게 믿는 사람들이 교회 안에 있다.

그러나 이 생각은 잘못되었다. 어떤 시대이든지 간에 하나님을 위해 유용하게 쓰임 받은 사람들은 모두 상처받은 경험을 가지고 있는 사람들이다.

그들은 그들을 더욱 겸손하게 만드는 상처를 입어보았기 때문에 회개하고 긍휼을 배우며 하나님을 더욱 간절히 찾게 되었다.

현대의 그리스도인들은 "성령님께 상처를 받는다"라고 한 과거 성도들의 말이 어떤 뜻인지 배워야 할

것이다.

사도 바울의 말을 생각해보자. "이후로는 누구든지 나를 괴롭게 말라 내가 내 몸에 예수의 흔적을 가졌노라"(갈 6:17)라는 그의 말이 어떤 뜻인지 완전히 이해할 수 있는 신학자는 과거에도 없었고 지금도 없을 것이다.

주석가(註釋家)들은 이 구절에 대해 다양한 해석을 내놓는다. 나는 바울이 그의 신앙과 경건한 삶 때문에 받았던 상처에 대해 언급하고 있다고 믿는다.

그리스도와 함께 보좌에 앉으려는가?
그렇다면 먼저 그리스도와 함께 겟세마네를 통과하라.

28 정결 CLEANSING
하나님을 닮아 정결하라

하나님을 가까이하라 그리하면 너희를 가까이하시리라 …
손을 깨끗이 하라 … 마음을 성결케 하라
야고보서 4:8

하나님은 거룩하고 깨끗한 분이시다. 우리에게 필요한 것은 거룩함과 깨끗함이다. 어떤 사람들은 "거룩함이란 우리에게도 얼마간 허락된다. 그러나 하나님이 갑자기 그것을 거두어가시면 그것은 우리에게 더 이상 남아 있지 않게 된다"라고 말한다. 이렇게 말하는 사람들은 거룩함이 무엇인지 모르는 사람들이다.

그리스도인의 삶 속에 나타나는 거룩함이란 바로 순종하고 헌신하고 신뢰하는 신자들 안에 거하시는 성령님이시다. 성령님은 그들을 충만케 하시고 만족케 하신다.

그러므로 우리는 하나님이 우리에게 임하실 때 거

룩함도 함께 임한다는 것을 인정하고 고백해야 한다. 우리는 하나님을 만날 때 우리의 마음이 깨끗해진다는 것을 믿어야 한다.

  그리스도는 '우리를 거룩하게 하시는 분'이시며 '우리의 거룩함'이시다. 거룩하고 깨끗하신 그리스도께서 우리 안에서 그분의 생명을 나타내신다면 우리는 틀림없이 깨끗해질 것이다.

우리는 우리를 깨끗케 하시려는
하나님의 뜻에 순종해야 한다.
우리는 우리의 마음이 더럽다는 것을 인정해야 한다.
우리는 그것을 깨끗케 할 수 있는 권리가
하나님께 있다는 것을 인정해야 한다. …
우리 자신을 온전히 그분께 넘겨드릴 때
비로소 그분은 우리를 깨끗케 하실
제1단계 조치를 취하실 것이다.

29 하나님의 나라 KINGDOM OF GOD
하나님의 나라는 거듭난 자만이 들어간다

위엣 것을 생각하고 땅엣 것을 생각지 말라
골로새서 3:2

성경을 쪼개고 또 쪼개보았다는 성경학자들, 성경을 분석하고 또 분석했다는 주석가들, 헬라어 동사들을 들먹이며 성경분문의 뜻이 이렇고 저렇다고 말하는 신학자들, 이들이 '하나님의 나라'에 대하여 이러쿵저러쿵 말한다고 해도 나의 확신은 흔들리지 않을 것이다.

나는 거듭난 사람들이 들어가는 '성령님의 왕국'이 곧 '하나님의 나라'임을 믿는다.

하나님이 계시해주신 이 '눈에 보이지 않는 나라'는 지금 우리가 살고 있는 나라보다 더 실재적(實在的)이고 지속적이며 영원하다. 하나님은 선지자들과 계시의 말씀을 통해 이 나라에 대하여 증거하셨다. 또한 그분은 우리가 이 영원한 나라를 바라보기 원하신다.

이 세상과 그 거민들에게 임한 모든 재앙 중에서 가장 끔찍한 재앙은 인간의 영(靈)이 물질적 가치에 자발적으로 굴복하는 것이다.

더 높은 차원의 세계를 바라보며 살도록 창조된 인간들이 이 세상을 최고의 세상으로 믿으며 산다는 것은 정말 놀랄 만한 비극이다.

모세는 죄악의 낙과 애굽의 모든 보화를 거부하였다.
그렇다면 우리도 하나님나라의 백성이 되기 위하여
우리의 돈과 안락과 편리함을 버릴 용의가 있는가?

30 열심 ZEAL
Holy Spirit

성령님의 불은 열심의 불이다

> 그때에 내가 내 영으로 내 남종과 여종들에게 부어주리니 저희가 예언할 것이요
> 사도행전 2:18

하나님은 영속적(永續的)인 열심 가운데 거하신다. 그분은 모든 선한 것들을 기뻐하시고, 모든 잘못된 것들을 안타까운 마음으로 지켜보신다.

하나님은 언제나 거룩한 열심이 충만하여 일하신다. 그러므로 오순절에 성령님이 임하셨을 때 홀연히 하늘로부터 급하고 강한 바람 같은 소리가 있었고 불의 혀같이 갈라지는 것이 각 사람 위에 임한 것은 당연한 일이었다(행 2:2,3 참조). 오순절 사건 속에서 성령님은 성삼위(聖三位) 가운데 한 분으로서 일하셨다.

오순절 사건은 여러 가지 변화를 가져왔다. 그중에

서도 특기할 만한 것은 갑작스럽게 도덕적인 열심이 고조되었다는 점이다. 이것은 성경을 대충 읽는 사람들까지 쉽게 목격하게 된 변화였다.

오순절 사건을 체험한 제자들은 내면의 불이 타오르는 것을 느꼈다. 열심의 불이 그들을 완전히 불살라버리는 것 같았다.

성령으로 세례를 받자 제자들은 완전히 변화되었다.
그들에게 있던 슬픔이 사라졌고,
그들이 드리는 예배에서
이제 더 이상 침체된 분위기를 느낄 수 없었다.
그들이 만들어낸 자기의(自己義)는 사라졌고
성령 충만한 삶이 찾아왔다.

31 영원 EVERLASTING
영원한 복을 받아라

> 여호와께서는 뭇 마음을 감찰하사
> 모든 사상을 아시나니 네가 저를 찾으면 만날 것이요
> 역대상 28:9

'영원'이라는 뜻을 가진 히브리어를 찾아보면, 이 단어에 '태고적', '언제나', '소멸점(消滅點)까지', '시작 없는 과거까지'라는 의미가 담겨 있다는 것을 알 수 있다.

영원부터 영원까지 하나님은 하나님이시다. 시작 없는 과거부터 끝이 없는 미래까지 하나님은 하나님이시다. 하나님이 바로 이런 분이심을 우리에게 가르쳐주는 분은 성령님이시다.

만일 당신이 언제나 자기 편할 대로 생각하며 사는 사람이라면, 당신은 '영원'이라는 단어를 머리 속에서 완전히 추방하거나 아니면 당신 영혼의 다락방에

처박아두어야 할 것이다.

그러나 성령님께서 이 단어가 가진 깊은 의미를 명확히 조명해주신다면, 우리에게 이 단어는 매우 큰 의미로 다가올 것이다.

왜냐하면 우리는 '잊혀진 과거'라는 영원한 소멸점과 '아직 도래하지 않은 미래'라는 영원한 소멸점 사이에서 살고 있기 때문이다.

예수 그리스도의 복음을 받아들여라.
그러면 당신을 보호해줄 하나님의 모든 능력,
당신을 향한 하나님의 계획,
당신을 지켜줄 하나님의 모든 공의(公義),
그리고 당신을 받아들여 복을 주기 원하시는
하나님의 무한한 사랑과 긍휼이 당신에게 베풀어질 것이다.

이것이 성령님이다

초판 1쇄 발행	2006년 4월 19일
초판 49쇄 발행	2024년 1월 18일
지은이	A. W. 토저
옮긴이	이용복
펴낸이	여진구
편집	이영주 박소영 최현수 안수경 김도연 김아진 정아혜
책임디자인	마영애 노지현 조은혜 이하은
홍보 · 외서	진효지
마케팅	김상순 강성민
제작	조영석 허병용
마케팅지원	최영배 정나영
경영지원	김혜경 김경희 이지수

303비전성경암송학교 유니게 과정
이슬비전도학교 / 303비전성경암송학교 / 303비전꿈나무장학회

펴낸곳   규장

주소 06770 서울시 서초구 매헌로 16길 20(양재2동) 규장선교센터
전화 02)573-0003   팩스 02)578-7332
이메일 kyujang0691@gmail.com   홈페이지 www.kyujang.com
페이스북 facebook.com/kyujangbook   인스타그램 instagram.com/kyujang_com
카카오스토리 story.kakao.com/kyujangbook
등록일 1978.8.14. 제1-22

ⓒ 한국어 판권은 규장에 있습니다.
이 출판물은 저작권법에 의해 보호를 받는 저작물이므로 무단 전재와 무단 복제를 할 수 없습니다.

책값 뒤표지에 있습니다.
ISBN 978-89-7046-336-0   03230

규 | 장 | 수 | 칙

1. 기도로 기획하고 기도로 제작한다.
2. 오직 그리스도의 성품을 사모하는 독자가 원하고 필요로 하는 책만을 출판한다.
3. 한 활자 한 문장에 온 정성을 쏟는다.
4. 성실과 정확을 생명으로 삼고 일한다.
5. 긍정적이며 적극적인 신앙과 신행일치에의 안내자의 사명을 다한다.
6. 충고와 조언을 항상 감사로 경청한다.
7. 지상목표는 문서선교에 있다.

하나님을 사랑하는 자 곧 그의 뜻대로 부르심을 입은 자들에게는 모든 것이 合力하여 善을 이루느니라(롬 8:28)

규장은 문서를 통해 복음전파와 신앙교육에 주력하는 국제적 출판사들의
협의체인 복음주의출판협회(E.C.P.A:Evangelical Christian Publishers
Association)의 출판정신에 동참하는 회원(Associate Member)입니다.